Herzlich willkommen!

Einstiegskurs Deutsch

von
Hermann Funk
Christina Kuhn

Dieses Buch gibt es auch auf
www.scook.de/eb

Es kann dort nach Bestätigung der Allgemeinen Geschäftsbedingungen genutzt werden.

Euchcode: beko2~7pfmn

Herzlich willkommen!
Einstiegskurs Deutsch

Im Auftrag des Verlages erarbeitet von
Hermann Funk und Christina Kuhn
unter Mitarbeit von Gunther Weimann

Redaktion:
Dagmar Garve, Corinna Hilger und Gunther Weimann
Gertrud Deutz (Redaktionsleitung)

Basierend auf: Der Einstieg, Vorkurs Deutsch als Fremdsprache
von Hermann Funk, Christina Kuhn und Dieter Maenner

Beratende Mitwirkung an der Originalausgabe:
Birsen Bariş und Erika Broschek, Goethe-Institut Berlin;
Vecih Yasaner, VHS Frankfurt a. M.

Illustrationen: Andreas Terglane, Christoph Grundmann (S. 48)
und Matthias Pflügner (S. 35)

Layoutkonzept: Christoph Schall
Layout: Satzinform, Berlin
Technische Umsetzung: zweiband.media, Berlin
Umschlaggestaltung: Klein & Halm Grafikdesign, Berlin /
finedesign Büro für Gestaltung, Berlin

Um Übungsroutinen aufzu-
bauen, verwenden wir einige
wenige Symbole:

Hörübung zum Aussprache-
training oder Hörverstehen. Alle
Hörtexte finden Sie unter
www.cornelsen.de/
willkommen-audios

Diese Übungen sollen zu zweit
durchgeführt werden.

Sprechtraining durch wiederho-
lendes Variieren, Übungsprin-
zipien sind hier:
– Schnelligkeit
– Einübung durch hohe
  Wiederholungsrate
– keine Korrektur in die Sprech-
  übung hinein

Im Umschlag vorn finden
Ihre Kursteilnehmer und Kurs-
teilnehmerinnen die wichtigsten
Arbeitsaufträge durch Zeich-
nungen erklärt.

www.cornelsen.de

1. Auflage, 2. Druck 2016

© 2016 Cornelsen Schulverlage GmbH, Berlin

Druck: Parzeller print & media GmbH & Co. KG, Fulda

ISBN: 978-3-06-121778-5

PEFC zertifiziert
Dieses Produkt stammt aus nachhaltig
bewirtschafteten Wäldern und kontrollierten
Quellen.

www.pefc.de

PEFC/04-31-1308

Inhalt

Liebe Lernende,

wir freuen uns, dass Sie Deutsch lernen wollen.
Herzlich willkommen! hilft Ihnen bei den ersten Schritten in Ihrer neuen Lebenswelt. In dem Kurs lernen Sie, sich vorzustellen, zu sagen, woher Sie kommen und was Sie von Beruf sind. Wir möchten Sie auch auf einige wichtige Situationen in Ihrem Alltag vorbereiten: Einkaufen gehen, zum Arzt gehen und sich in der Stadt orientieren.

Die Hörtexte finden Sie unter www.cornelsen.de/herzlich-willkommen-audios als MP3-Dateien. Sie können auch den QR-Code scannen. Eine Liste mit wichtigen Wörtern in mehrere Sprachen übersetzt finden Sie unter www.cornelsen.de/herzlich-willkommen. Die Autoren und der Verlag wünschen Ihnen viel Erfolg!

Dear German learners,

We are pleased that you want to learn German.
Herzlich willkommen! (Welcome) will help you get started in your new living environment. In the course you will learn to introduce yourself and to use basic greetings, to say where you come from and what your profession is. We would also like to prepare you for some everyday situations such as shopping, going to the doctor and getting around town.

The audio files are available for free under www.cornelsen.de/herzlich-willkommen-audios. You can also scan the QR code. Under www.cornelsen.de/herzlich-willkommen you will find a list of important words translated into several languages.
The authors and the publisher wish you lots of success learning German!

Bonjour!

Vous démarrez l'apprentissage de l'allemand? Félicitations!
Le manuel Herzlich willkommen! (Bienvenue) va vous accompagner dans la découverte de votre nouvel environnement. Vous allez apprendre à vous présenter, à dire d'où vous venez et à parler de votre profession. Bientôt, vous saurez faire vos courses, prendre rendez-vous chez le médecin et vous orienter de manière autonome dans votre ville.

Pour écouter les textes du manuel en format MP3, cliquez sur www.cornelsen.de/herzlich-willkommen-audios. Vous pouvez également scanner le code suivant. Pour consulter la liste multilingue du vocabulaire courant, cliquez sur www.cornelsen.de/herzlich-willkommen.
Nous tous, auteurs et éditeur de ce manuel, vous souhaitons plaisir et réussite dans votre apprentissage de l'allemand!

أعزاءنا الطلبة،

يسرنا انكم تريدون تعلم اللغة الألمانية.

كتاب Herzlich willkommen! (أهلا و سهلا في ألمانيا) سيساعدكم في الخطوات الأولى في عالمكم الجديد.

في الدورة ستتعلمون كيف تعرفون بأنفسكم، من أي بلد أنتم و ما هي مهنتكم. كما و نريد أيضا أن نقوم بتهيئتكم لمواجهة بعض المواقف الهامة في حياتكم اليومية كالتسوق و زيارة الطبيب و إيجاد الأماكن في المدينة.

تحت الرابط www.cornelsen.de/herzlich-willkommen-audios ستجدون نصوص منطوقة من الكتاب على شكل ملفات MP3. بامكانكم ايضا استعمال الماسح الضوئ لمسح رمز ال QR. قائمة من الكلمات المهمة مترجمة لأكثر من لغة تجدونها تحت الرابط www.cornelsen.de/herzlich-willkommen

نأمل أن تستمتعوا بتعلم اللغة الألمانية.

المؤلفون و الناشر يتمنون لكم كل التوفيق والنجاح!

Liebe Deutschlehrende,

mit Herzlich willkommen! wollen wir eine erste sprachliche Orientierung geben und auf die Arbeit mit einem Deutschlehrwerk für die Niveaustufe A1 des Gemeinsamen europäischen Referenzrahmens vorbereiten.

Die Ziele
- Einführung in Arbeitsroutinen des Sprachunterrichts
- Aufbau eines grundlegenden Wortschatzes für den Unterricht
- sprachliche Mittel für erste Kontakte in der neuen Sprache Deutsch
- erste landeskundliche Informationen zum deutschsprachigen Raum
- die implizite Vermittlung einiger grundlegender Regeln der deutschen Aussprache
- eine erste Bewusstmachung von Strukturen und Sprachmustern
- Spaß am Deutschlernen und motivierende Anfangserfolge

Herzlich willkommen! verzichtet weitgehend auf die Vermittlung von Grammatik. Der Kurs kann insgesamt unterrichtet werden oder in einzelnen Einheiten.

Das Konzept

Erkenntnis	Konsequenz
1. Sprachlernende wollen andere verstehen und die neue Sprache sprechen lernen.	früher Kontakt mit authentischer Sprache und mit anderen Lernenden
2. Motivation für das Weiterlernen entsteht durch Erfolg. Diesen empfinden die Lernenden, wenn sie Aufgaben leicht lösen und die neue Sprache nutzen können, um sinnvolle Äußerungen zu produzieren.	leichte, illustrierte Übungen, die sofort verstanden werden Die Lernenden sprechen als sie selbst. Sie machen pragmatisch sinnvolle Äußerungen.
3. Die Lernenden müssen sehr schnell in elementaren Situationen sprachlich handeln können.	Keine explizite Vermittlung von Grammatikregeln, Wortschatz und Redemittel stehen im Vordergrund.
4. Die Lernenden wollen Probleme gemeinsam lösen.	hoher Anteil an Partnerübungen
5. Sich „einhören" in das Klangsystem der Sprache ist die wichtigste Voraussetzung für die Fähigkeit zu sprechen.	Die Fertigkeiten Hören und Sprechen stehen im Mittelpunkt des Unterrichts.

Die Umsetzung
Als durchgängiges Prinzip trainieren und variieren die Lernenden regelmäßig Dialoge. So werden sie in kleinen Schritten zu einem immer selbstständigeren Sprechen geführt. Alle Dialoge werden vorgesprochen, in einem nächsten Schritt sollen die Lernenden die Dialoge zu zweit lesen. Erst dann ersetzen sie einzelne Teile durch eigene Variationen, unterstützt durch eine Vorlage. Ganz allmählich werden die Lernenden an das Produzieren von dialogischen Texten herangeführt.
Herzlich Willkommen! enthält Material für ca. 60 Unterrichtsstunden.

Unter www.cornelsen.de/herzlich-willkommen-audios finden Sie die Audios einzeln online abspielbar. Lernkarten zum Ausschneiden, wichtige Wörter in mehrere Sprachen übersetzt sowie die Audios als Download finden Sie unter www.cornelsen.de/herzlich-willkommen.

Die Autoren und der Verlag wünschen Ihnen viel Spaß und Erfolg bei der Arbeit!

1 Guten Tag!

Guten Tag. Ich bin Frau Schmidt.

Hallo. Ich heiße Djamila Masaad.

Guten Tag. Ich heiße Ahmet Aziz.

A Ich kann Deutsch!

1 Welche Wörter kennen Sie? Markieren Sie.

80 Wörter Deutsch

Hotel	Bier	Bosch	
Airport	Döner	Zug	
Information	Pizza	Mercedes	
VW	Spaghetti	Gruppe	
BMW	Zoo	Karte	Kilometer
Handy	Januar	Text	Gramm
Computer	Mai	Film	Kilogramm
Hamburger	Juni	Theater	Berlin
Kaffee	August	Hamburg	Bahnhof
Tee	September	Deutschland	Pilot
Euro	Dezember	Ingenieur	Amerika
Dollar	Asyl	Technik	Kurs
Frankfurt	Sekretärin	TV	Dokument
Adresse	Konzert	Video	Alphabet
Schokolade	Bus	Literatur	MP3
Auto	Musik	Motor	Doktor
Cola	Gitarre	Diplom	Minute
Kindergarten	Tomate	Mathematik	Sekunde
Universität	Tram	Professor	Dialog
Seminar	Firma	Institut	S-Bahn
Foto	Radio	Meter	Manager

 **2** 14 Wörter von Seite 6. Welche hören Sie? Kreuzen Sie an.

Institut [x] → Professor ▪   Sekunde ▪   Information ▪   Kilometer ▪
Technik ▪   Pilot ▪   Kilogramm ▪   Hamburger ▪   Pizza ▪
Dialog ▪   Musik ▪   Auto ▪   Kindergarten ▪

3 Wörter sortieren. Ordnen Sie 16 Wörter von Seite 6 zu.

Technik und Firmen

Bosch ....

....

Mobilität

Auto ....

....

Kultur

Film ....

....

Monate, Tage und Zeit

Januar ....

....

Essen und Trinken

....

....

Büro und Arbeit

....

....

Schule und Lernen

Bank und Geld

> 👍 **Lerntipp**
> Wörter ordnen und lernen

Universität ....

....

B   Das Alphabet

 1   Das Alphabet. Hören Sie und sprechen Sie nach.

Aa Bb Cc Dd Ee Ff
Gg Hh Ii Jj Kk Ll
Mm Nn Oo Pp Qq
Rr Ss Tt Uu Vv Ww
Xx Yy Zz Ää Öö Üü

 2   Hören Sie die Namen. Markieren Sie den Akzent.

Sie heißt Angela Merkel.

Er heißt Jogi Löw.

Er heißt David Alaba.

Sie heißt Franziska Pohl.

Sie heißt Heidi Klum.

Sie heißen Döpel.

3 Namen im Kurs. Hören Sie und schreiben Sie.

- ■ Ich heiße Tatjana.
- ◆ Entschuldigung, wie heißen Sie?
- ■ Tatjana. T-a-t-j-a-n-a. Und Sie?

- ● Ich heiße Mahmud.
- ▲ Entschuldigung, wie heißen Sie?
- ● Mahmud. M-a-h-m-u-d. Und Sie?

- ◆ ....

 4 Textkaraoke

a) Hören, lesen und sprechen Sie die ☞-Rolle.

🕨 Hallo, ich heiße Markus Meier. Und Sie? Wie heißen Sie?
☞ Ich heiße Luisa Koenig. Wie geht es Ihnen?
🕨 Danke gut. Und Ihnen?
☞ Auch gut.

b) Und jetzt Ihr Name.

5 Begrüßungen sehen. Was passt? Ordnen Sie zu.

1. Gute Nacht! – **2.** Hallo, wie geht's? – **3.** Guten Tag! – **4.** Guten Morgen!

a) ....

b) ....

c) ....

d) ....

C Begrüßungen

 **1** Hören Sie und lesen Sie.
7

1.

2.

3.

4.

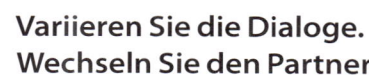

2 Variieren Sie die Dialoge.
Wechseln Sie den Partner.

1. ■ Guten Tag, Herr Aziz.
   ◆ Oh, hallo!
     Wie geht es Ihnen?
   ■ Danke, gut. Und Ihnen?
   ◆ Auch gut. Danke!

   ■ Guten Tag, ...
   ◆ Oh, hallo..!
     Wie geht es Ihnen?
   ■ Danke, gut. Und Ihnen?
   ◆ Auch gut. Danke!

2. ■ Guten Morgen, ich bin
     Gharam Masaad.
     Und wie heißen Sie?
   ◆ Ich heiße Maria Funk.

   ■ Guten Morgen, ich bin
     ....
     Und wie heißen Sie?
   ◆ Ich heiße ....

3. ■ Hallo, sind Sie Zahira?
   ◆ Zahira? Nein, ich bin
     Djamila.
   ■ Oh, Entschuldigung.
   ◆ Kein Problem.

   ■ Hallo, sind Sie ....?
   ◆ ....? Nein, ich bin
     ....
   ■ Oh, Entschuldigung.
   ◆ Kein Problem.

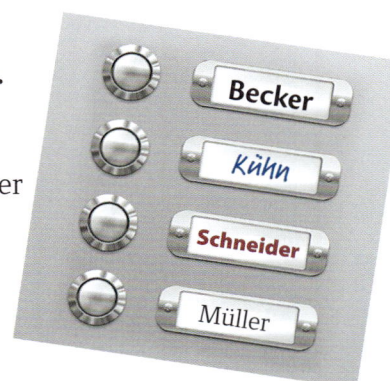

3 Hören Sie die Namen und markieren Sie den Wortakzent.

a) Familiennamen. So heißen viele Deutsche.

8

M̲üller, Schneider, Becker, Wagner, Schäfer, Meier, Fischer

b) Die Vornamen sind populär in Deutschland.

9

Mädchen: E̲mma, Sophie, Lena, Marie, Lea
Jungen: Jonas, Lukas, Markus, Elias, Mirko

4 Vorname oder Nachname? Lesen und üben Sie im Kurs.

◆ Guten Tag, Herr Murat.
■ Guten Tag. Entschuldigung, Murat ist mein Vorname. Mein Familienname ist Kalkan.
◆ Oh, Entschuldigung, Herr Kalkan.

D Wörter kombinieren und lernen

1 Partnerwörter. Hören Sie und lesen Sie. Sprechen Sie nach.
10

1. Tee oder Kaffee?

2. Milch und Zucker

3. Euro oder Dollar?

4. Deutsch sprechen

5. Tee trinken

6. Kaffee mit Milch

7. Eine Pizza bitte!

8. einen Antrag stellen

9. Rauchen verboten

2 Meine Kombinationen

Deutsch und …   Vater und …
…

 Lerntipp
Partnerwörter lernen:
Tee oder Kaffee
Milch und Zucker

3 Wörterkombinationen auf Deutsch.
11   Hören Sie und lesen Sie laut.

Deutschkurs	= Deutsch	+	Kurs
Deutschbuch	= Deutsch	+	Buch
Autohaus	= Auto	+	Haus
Asylantrag	= Asyl	+	Antrag
Beratungsstelle	= Beratung	+	Stelle
	= Kinder	+	Garten
....	+		=

Lerntipp
Kombiwörter:
Wort 1 betonen
   1   2

4 **Lernkarten schreiben mit System**

Beispiel 1:

> Tee
> Tee trinken
> Tee bitte!

Meine Sprache:

Beispiel 2:

> Asyl
> Asylantrag
> einen Asylantrag stellen

Mein Beispiel:

5 **Was machen Sie im Deutschkurs?**

a) Hören Sie und ordnen Sie die Wörter zu.

markieren   lesen   fragen   schreiben   antworten   hören

> hören
> ich höre

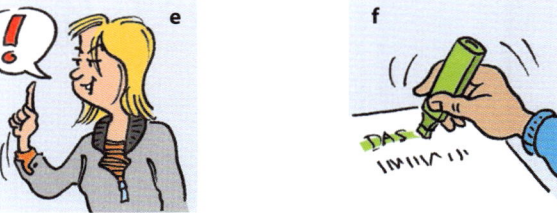

b) Wortakzent in Verben. Hören Sie noch einmal und markieren Sie den Akzent.

 mar<u>kie</u>ren   lesen   fragen   schreiben   antworten   hören

Wichtige Wörter und Sätze

Guten Morgen! Guten Tag! Guten Abend! Gute Nacht!

- Mein Name ist …
- Ich heiße …
- Ich bin Frau … / Ich bin Herr …

- Hallo, Sind Sie …? ◁ Ja.
  ◁ Nein, ich bin …

Hallo Frau Koita! Wie geht es Ihnen?

Danke, gut, Herr Bahgat! Und Ihnen?

- Guten Tag! Mein Name ist Labib Ensour.
- ◆ Entschuldigung, wie heißen Sie?
- Mein Familienname ist Ensour.
  Mein Vorname ist Labib.
- ◆ Guten Tag, Herr Ensour.

- Guten Tag, Frau Zohra.
- ◆ Ich bin Frau Khadra. Mein Vorname ist Zohra.
- Oh, Entschuldigung, Frau Khadra.

- Oh, Entschuldigung!

◆ Kein Problem.

Grammatik: Ich – Sie

Ich hör**e** Musik.	Hören **Sie** auch Musik?
Ich heiß**e** Aziz.	Heißen **Sie** Miller?
	Nein, Müller. Thomas Müller.
Ich bin Djamila.	Sind **Sie** Zahira?

Schreiben üben

1 Guten Tag!

1 Wörter und Vokale.

a) Schreiben Sie *a*. Schreiben Sie das Wort.

Tom _a_ te .... *Tomate* ....   K ......rte ....

Gr ......mm ....   Alph ......bet ....

b) Schreiben Sie *u*. Schreiben Sie das Wort.

Jan ......ar ....   Sek ......nde ....

S ......ppe ....   Min ......te ....

a + u = au:

_A_ ......to ....

c) Schreiben Sie *o*. Schreiben Sie das Wort.

Pil ......t ....   Pr ......blem ....

Eur ....   F ......t ....

d) Schreiben Sie *e*. Schreiben Sie das Wort.

G ......ld ....   D ......z ......mb ......r ....

Kaff ....   T ....

e) Schreiben Sie *i*. Schreiben Sie das Wort.

F ......lm ....   Mus ......k ....

P ......zza ....   Frau Schm ......dt ....

e + i = ei:

Ich h ....ße ....

2 Was fehlt? Schreiben Sie das Wort.

▪ _H_ ....! Wie geht es Ihnen?

◆ _D_ ...., gut.

▪ Ich _h_ .... Ahmed Khadra. Wie heißen _S_ ....?

2 Ich komme aus ...

A Länder, Namen und Städte

🔊 **1** Welche Länder hören Sie? Markieren Sie.
13

Ich heiße Djamila Yahya. Ich komme aus Syrien, aus Hasaka.

Mein Name ist Edona Berishi. Ich komme aus Albanien, aus Vlora.

Ich heiße Abel Solomon. Ich komme aus Eritrea, aus Asmara.

Ich heiße Salem Bouzidi. Ich komme aus Algerien, aus Oran.

Mein Name ist Sarah Nassimi. Ich komme aus Afghanistan, aus Herat.

Mein Name ist Daniel Meier. Ich komme aus Deutschland, aus Leipzig.

2 Wörter verstehen und sortieren. Land oder Stadt? Schreiben Sie.

Land	Stadt	Land	Stadt
Syrien	Hasaka		

3 Und Sie? Schreiben und sprechen Sie.

Ich heiße .... Ich komme aus .... ,

aus ....

4 **Hören Sie und lesen Sie.**

14

5 **Variieren Sie die Dialoge.**

- ■ Woher kommen Sie, Frau Masaad?
- ◆ Ich komme aus Syrien, aus Aleppo.
- ▲ Und wo wohnen Sie jetzt, Frau Masaad?
- ● Ich wohne jetzt in Berlin.
- ▲ Und woher kommen Sie, Herr Hammadi?
- ● Aus dem Irak, aus Basra.
- ▼ Und Sie, Frau Adrian?

- ■ Woher kommen Sie, ... ?
- ◆ Ich komme aus ...., aus ....
- ▲ Und wo ...., ... ?
- ● Ich wohne jetzt ...., ...
- ▲ Und woher ...., ... ?
- ● Aus ....
- ▼ Und Sie, ... ?

Redemittel

Länder

Ich komme	aus Syrien.	Ich komme	aus der Türkei.
	aus Algerien.		aus dem Irak.
	…		…

Ich komme über Griechenland / … nach Deutschland.

Städte

Ich komme aus Aleppo / aus Asmara / aus Herat / …
Ich wohne jetzt in Ulm / in Frankfurt / …

B Zahlen und zählen

1 Zahlen hören. Würfeln und sprechen Sie.

15

| eins | zwei | drei | vier | fünf | sechs | sieben |

| acht | neun | zehn | elf | zwölf |

2 Mit Rhythmus lernen. Hören Sie und sprechen Sie nach.

16

3 Hören Sie und notieren Sie die Zahlen.

17

3, ...

....

4 Telefonnummern

18

a) Telefonnummern verstehen. Welche Nummer hören Sie? Kreuzen Sie an.

1. ■ 9 1 3 7 4 2   2. ■ 7 5 3 3 1 9   3. ■ 5 0 1 3 7 2 1   4. ■ 8 9 7 6 5 6
   ■ 9 1 3 4 7 2   ■ 7 5 3 1 3 9   ■ 5 0 1 2 7 3 1   ■ 8 9 7 5 6 5

0 = Null

b) Telefonnummern notieren. Hören und schreiben Sie.

19

1. ....

2. ....

3. ....

Landeskunde

Wichtige Telefonnummern

Land/Region	Polizei	Feuerwehr	Rettung
Europa (EU)	112	112	112
Deutschland	110 oder 112	112	112
Liechtenstein	117 oder 112	118	144
Österreich	133 oder 112	122	144
Schweiz	117 oder 112	118 oder 112	144 oder 112

5 a) Hören Sie und lesen Sie die Zahlen.
20

zehn　　13　　drei　　　　　zwanzig　　28　　acht

b) Zählen Sie. Erst leise, dann laut.

	20 zwanzig	30 dreißig	200 zweihundert
	21 einundzwanzig	31 einunddreißig	…
	22 zweiundzwanzig	…	1000 eintausend
13 dreizehn	23 dreiundzwanzig	40 vierzig	2000 zweitausend
14 vierzehn	24 vierundzwanzig	50 fünfzig	
15 fünfzehn	25 fünfundzwanzig	60 sechzig	
16 sechzehn	26 sechsundzwanzig	70 siebzig	
17 siebzehn	27 siebenundzwanzig	80 achtzig	
18 achtzehn	28 achtundzwanzig	90 neunzig	
19 neunzehn	29 neunundzwanzig	100 einhundert	

laut　leise

6 Hören Sie. Markieren Sie den Akzent.
21

 vierzehn – zwanzig – einundzwanzig – siebenundzwanzig – dreißig – einhundert

7 Zählen Sie weiter.

dreißig　　einunddreißig　　zweiunddreißig

8 Alles mit 4: Pfiff. Zählen Sie laut und schnell.

eins　zwei　drei　Pfiff!　fünf　sechs　sieben　Pfiff!

9 Zahlen hören. Notieren Sie.
22

a) Hausnummern　　　　　　　　b) Preise

67,
....

....　......................................

....

C Geburtstage

1 Die Monate

23

a) Hören Sie die Monatsnamen und sprechen Sie mit.

b) Markieren Sie den Akzent.

| <u>Ja</u>nuar | Februar | März | April | Mai | Juni |

| Juli | August | September | Oktober | November | Dezember |

c) Sprechen Sie die Monatsnamen schnell.

2 Geburtstage

24

a) Hören Sie die Dialoge. Welches Datum stimmt? Kreuzen Sie an.

1. ☐ am 9. November – ☐ am 19. November
   ☐ am 2. Mai – ☐ am 22. Mai
2. ☐ am 7. Januar – ☐ am 17. Januar
   ☐ am 1. April – ☐ am 11. April
3. ☐ am 31. Oktober – ☐ am 3. Oktober
   ☐ am 20. Juli – ☐ am 20. Juni

b) am ersten, zweiten, dritten … Lesen Sie leise und schnell.

am **ersten** Januar (1.1.)
am zwei**ten** Januar (2.1.)
am drit**ten** Januar (3.1.)
am vier**ten** Januar (4.1.)
am fünf**ten** Januar (5.1.)
am sechs**ten** Januar (6.1.)
am sieb**ten** Januar (7.1.)
am ach**ten** Januar (8.1.)
am neun**ten** Januar (9.1.)
am zehn**ten** Januar (10.1.)
am zwanzigs**ten** Januar (20.1.)
am einundzwanzigs**ten** Januar (21.1.)
am dreiundzwanzigs**ten** Januar (23.1.)
am neunundzwanzigs**ten** Januar (29.1.)
am einunddreißigs**ten** Januar (31.1.)

3 Wann haben Sie Geburtstag? Am … Fragen und antworten Sie im Kurs.

Wann haben Sie Geburtstag?

Am 12. August.

Und Sie? Wann haben Sie Geburtstag?

Am 25. März.

4 Und wann sind Sie geboren?

a) Schreiben und sprechen – vergleichen Sie.

schreiben	sprechen
1963	**neunzehnhundert**dreiundsechzig
1976	**neunzehnhundert**sechsundsiebzig
1984	**neunzehnhundert**vierundachtzig
1999	**neunzehnhundert**neunundneunzig
2005	**zweitausend**fünf
2012	**zweitausend**zwölf

25

b) Welche Jahreszahl hören Sie? Kreuzen Sie an.

1. ■ 1968 – ■ 1986   2. ■ 2001 – ■ 2011   3. ■ 1993 – ■ 1991

26

c) Textkaraoke. Hören, lesen und sprechen Sie die ⌙-Rolle.

🎧 Ich brauche Ihr Geburtsdatum. Wann sind Sie geboren?
⌙ Am 3. Juli 1969.
🎧 Entschuldigung, Juni oder Juli?
⌙ Juli. Am 3. Juli 1969.
🎧 Ok, danke. Jetzt habe ich es verstanden.

27

d) Hören Sie die Jahreszahlen aus a) und sprechen Sie mit.

e) Wann sind Sie geboren? Und Ihre Frau / Tochter / Mutter? Und Ihr Mann / Sohn / Vater? Fragen und antworten Sie im Kurs.

Wann ist Ihre Tochter geboren?

Meine Tochter? Am 01. August 2013.

D Gespräche mit Ämtern und Behörden

  1 Adressen, Telefonnummern und Alter. Hören, lesen und üben Sie die Dialoge.

Dialog 1

- ■ Guten Tag.
- ◆ Guten Tag. Mein Name ist Daniela Olarescu.
- ■ Woher kommen Sie, Frau Olarescu?
- ◆ Aus Rumänien.
- ■ Wo wohnen Sie jetzt?
- ◆ In Frankfurt am Main.
- ■ Wie ist Ihre Adresse?
- ◆ Raimundstraße 29, Zimmer 48.
- ■ Wie alt sind Sie?
- ◆ Ich bin 23 Jahre alt.

Dialog 2

- ◆ Hallo. Ich bin Salem Bouzidi. Ich komme aus Algerien.
- ■ Wie ist Ihre Adresse?
- ◆ Oranienstraße 69, 10999 Berlin-Kreuzberg.
- ■ Entschuldigung, wie bitte?
- ◆ Oranienstraße 69, 10999 Berlin-Kreuzberg.
- ■ Aha. Und wie ist Ihre Telefonnummer?
- ◆ 0157 – 97 38 34 77.
- ■ Und wie alt sind Sie?
- ◆ Ich bin 28 Jahre alt.

Anmeldung

Vorname	*Salem*
Name	*Bouzidi*
Straße	*Oranienstraße 69*
Plz./Ort	*10999 Berlin*
Alter	*28*
Tel.-Nr.	*0157 – 97 38 34 77*

2 Variieren Sie Namen, Adresse und Alter.

- ■ Guten Tag.
- ◆ Guten Tag. Mein Name ist Daniela Olarescu.
- ■ Woher kommen Sie, Frau Olarescu?
- ◆ Aus Rumänien.
- ■ Wo wohnen Sie jetzt?
- ◆ In Frankfurt am Main.
- ■ Wie ist Ihre Adresse?
- ◆ Raimundstraße 29, Zimmer 48. 60239 Frankfurt am Main.
- ■ Wie alt sind Sie?
- ◆ Ich bin 23.

- ■ ....
- ◆ Guten Tag. Mein Name ist ....
- ■ ...., Frau/Herr ....
- ◆ Aus ....
- ■ Wo wohnen Sie jetzt?
- ◆ In ....
- ■ Wie ist Ihre Adresse?
- ◆ ...., ...
- ■ Wie alt sind Sie?
- ◆ Ich bin ....

3 Informationen sammeln. Hören Sie und schreiben Sie.

29

Anmeldung

Familienname _____

Vorname _____

Land _____

Alter _____

Adresse *Lachnerstr.* _____

_____ *München* _____

Telefon _____

4 Jemanden im Kurs vorstellen. Hören Sie und lesen Sie.

30

*Das ist Salem Bouzidi.
Er kommt aus Algerien.
Er wohnt zur Zeit in Berlin.
Er ist 28 Jahre.*

*Das ist Daniela Olarescu.
Sie kommt aus Rumänien.
Sie wohnt jetzt in Frankfurt.
Sie ist 23.*

5 Formulare ausfüllen. Schreiben Sie.

Angaben zur Person / zum Antragsteller

Name/ Nachname / Familienname: _____

Auch bekannt als (Alias): _____

Geburtsdatum: _____

Staatsangehörigkeit(en) _____

Anschrift im Herkunftsland _____

Vornamen: _____

Geschlecht (weiblich/männlich): _____

Geburtsort: _____

Staatenlosigkeit seit _____

Adresse (falls bekannt) _____

_____

Familienstand (ledig, verheiratet, verwitwet, geschieden seit – mit Datumsangabe): _____

Zur Zeit wohnhaft in: _____

_____

Religionszugehörigkeit

_____

Fakultativ: Sprachkenntnisse

Muttersprache, sonstige Sprachen: _____

_____

Fakultativ: Schul- und Studienabschlüsse

_____

_____

Angaben zu Kindern (Bei Minderjährigen: Name, Vorname, Anschrift, falls abweichend von der des Antragstellers angeben)

ja ☐   nein ☐

Land – Stadt

Woher kommen Sie?   Aus Syrien, aus Aleppo.
Aus dem Irak, aus Basra.

Adresse – Telefonnummer – Alter

Wo wohnen Sie?   In Berlin.
Wie ist Ihre Handynummer?   0172 72968727.
Wie ist Ihre Adresse?   Alte Jakobstraße 171, in 10969 Berlin
Wie alt sind Sie?   Ich bin 43 Jahre alt. / Ich bin 43.

Wann sind Sie geboren?   Am 23. August 1976.

Minimemo

Geburtstag:
Tag Monat Jahr
23. August 1976
23.   08.   1976
immer mit Punkten!

Jemanden vorstellen

Das ist …:
Das ist Arsim Hoti.
Das ist Güler Öztürk.

Er/Sie kommt:
Er kommt aus Albanien.
Sie kommt aus der Türkei.

Er/Sie wohnt:
Er wohnt in Frankfurt am Main.
Sie wohnt in Berlin.

Er ist … Jahre alt.
Sie ist … Jahre alt.

Grammatik: ich – er – sie / Sie

Grammatik

Wo wohn**en Sie**?   **Ich** wohn**e** in Köln.
Wo wohn**t er/sie**?   **Er** wohn**t** in Berlin. **Sie** wohn**t** in Frankfurt.
Woher komm**en Sie**?   **Ich** komm**e** aus der Türkei, aus Ankara.
Woher komm**t er/sie**?   **Er** komm**t** aus Syrien, aus Hasaka.
Sie komm**t** aus dem Irak, aus Kirkuk.

2 Ich komme aus ...

1 Groß (A) oder klein (a)? Korrigieren Sie.

wie heißen sie?   *Wie heißen Sie?* ....

ich heiße alima fariz. ....

woher kommen sie? ....

ich komme aus homs. ....

wo wohnen sie? ....

ich wohne in der goethestraße 8. ....

2 Verbinden Sie und schreiben Sie.

Guten **1**	**a**	Ihre Telefonnummer?
Wie ist **2**	**b**	Sie?
Wie heißen **3**	**c**	in Bonn.
Woher **4**	**d**	Azzam Salit.
Das ist **5**	**e**	kommen Sie?
Sie wohnt **6**	**f**	Tag.

Guten Tag. ....

....

....

....

....

3 Was ist richtig? Markieren Sie.
Schreiben Sie den Satz.

■ Ich heißen / heißt / <u>heiße</u> Yara.

Ich ....

◆ Wie bitte? Wie heißen / heißt / heiße sie?

Wie ....

■ Yara. Ich heißen / heißt / heiße Yara.

....

◆ Und woher kommen / kommt / komme Sie?

....

■ Ich? Ich komme / kommt / kommen aus Syrien.

....

4 Das bin ich. Schreiben Sie.

Name _____   Adresse _____

Land (Woher) _____   _____

Geburtstag am _____   Handynummer _____

3 Drinnen und draußen

A Der Kursraum

 1 **Im Deutschkurs**
31

a) Lesen Sie die Wörter. Hören Sie und zeigen Sie.

das Plakat · das Fenster · die Tafel · die Tür · der Ordner · der Computer · der Schwamm · der Stuhl · das Deutschbuch · der Bleistift · das Smartphone · die Uhr · der Kuli · das Heft · die Tasche · das Wörterbuch

b) Ein Rätsel. Schreiben Sie.

der ....   das ....   die ....   der ....

die ....   die ....   der ....   das ....

 2 **Was ist das? Hören Sie und sprechen Sie.**
32

der Computer –	Das ist ein Computer.
der Stift –	Das ist ein Stift.
der Stuhl –	Das ist ein Stuhl.
das Deutschbuch –	Das ist ein Deutschbuch.
das Fenster –	Das ist ein Fenster.
das Heft –	Das ist ein Heft.
die Tafel –	Das ist eine Tafel.
die Tür –	Das ist eine Tür.

Minimemo

der Tisch - **ein** Tisch

das Buch - **ein** Buch

die Tasche - **ein**e Tasche

Lerntipp
Nomen immer mit
Artikeln lernen

3 Gegenstände im Kursraum. Fragen und antworten Sie.

4 Kommunikation im Kurs

a) Hören Sie und lesen Sie die Sätze.

1 Lesen Sie die Wörter.

2 Können wir eine Pause machen?

3 Hören Sie bitte.

4 Sprechen Sie bitte langsamer.

5 Buchstabieren Sie das bitte.

6 Wie heißt das auf Deutsch?

7 Ich verstehe das nicht.

8 Entschuldigung, wie bitte?

9 Können Sie das bitte wiederholen?

b) Wer sagt was im Kurs? Kreuzen Sie an.

	der Lerner/ die Lernerin	der Lehrer/ die Lehrerin
1. Lesen Sie die Wörter.		x
2. Können wir eine Pause machen?		
3. Hören Sie bitte.		
4. Sprechen Sie bitte langsamer.		
5. Buchstabieren Sie das bitte.		
6. Wie heißt das auf Deutsch?		
7. Ich verstehe das nicht.		
8. Entschuldigung, wie bitte?		
9. Können Sie das bitte wiederholen?		

5 Flüssig sprechen. Hören Sie und sprechen Sie nach.

1. Deutsch – auf Deutsch – Wie heißt das auf Deutsch?

2. buchstabieren – bitte buchstabieren – Können Sie das bitte buchstabieren?

3. wiederholen – bitte wiederholen – Können Sie das bitte wiederholen?

4. langsamer – bitte langsamer – Sprechen Sie bitte langsamer.

5. schreiben – an die Tafel schreiben – Können Sie das bitte an die Tafel schreiben?

6. eine Pause – eine Pause machen – Können wir bitte eine Pause machen?

B Möbel und Zimmer

1 Möbel

🔊 35 **a)** Hören und lesen Sie. Ordnen Sie die Möbel den Zimmern zu.
Es gibt mehrere Möglichkeiten.

der Schrank · die Spüle · das Sofa · der Stuhl · das Bett · der Sessel · der Herd · der Tisch · die Toilette · das Regal · das Waschbecken · die Dusche

die Küche	das Zimmer *das Sofa*	das Bad	der Speisesaal

b) Wo ist …? Fragen und antworten Sie.

> Wo ist das Regal?

> In der Küche.

Minimemo

Wo?
der Speisesaal – im Speisesaal
das Bad – im Bad
das Zimmer – im Zimmer
die Küche – in der Küche

🔊 36 **2 Kochen – Küche. Aussprache von *ch*. Ordnen Sie zu.**

~~acht~~ – ~~Österreich~~ – richtig – auch – das Buch –
das Mädchen – östlich – welcher – das Gespräch –
gleich – doch – machen – München – suchen –
nicht – sprechen – die Sprache – die Bücher –
ich – möchten – die Technik

ch wie kochen [x]	***ch*** wie Küche [ç]
acht	Österreich

3 Wörter lernen. Machen Sie Wörternetze.

Möbel und Zimmer

das Zimmer

die Küche

das Regal

die Spüle

4 Auf dem Tisch

a) Sehen Sie das Bild an und hören Sie. Welche Wörter kennen Sie?

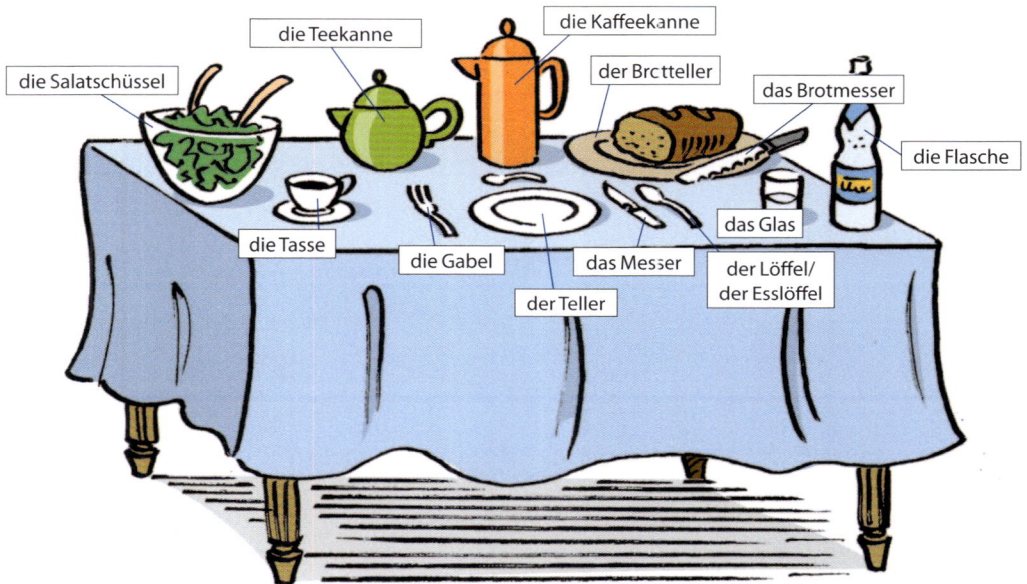

die Teekanne
die Kaffeekanne
die Salatschüssel
der Brotteller
das Brotmesser
die Flasche
die Tasse
die Gabel
das Messer
das Glas
der Teller
der Löffel/
der Esslöffel

b) Besteck oder Geschirr? Ordnen Sie die Wörter zu.

das Besteck	das Geschirr

c) Fragen Sie nach Besteck und Geschirr.

Kann ich bitte eine Gabel haben?

Ja, hier bitte.

Danke!

Kann ich bitte …

C Wetter, Jahr und Jahreszeiten

1 Der Frühling, der Sommer, der Herbst und der Winter

a) Sehen Sie die Fotos an und sprechen Sie die vier Jahreszeiten – erst leise und langsam, dann laut und immer schneller.

die Blumen

der Klee

der Schnee

die Trauben

38

b) Lesen Sie die anderen Wörter in 1a). Hören Sie das Lied. Markieren Sie die Wörter aus dem Lied in 1a).

Es war eine Mutter, die hatte vier Kinder:

den Frühling, den Sommer, den Herbst und den Winter.

Der Frühling bringt Blumen,

der Sommer den Klee,

der Herbst bringt die Trauben,

der Winter den Schnee.

c) Hören Sie das Lied noch einmal und singen Sie mit.

2 **Wie ist das Wetter heute?**

a) Lesen Sie und ordnen Sie zu.

die Sonne **1**   **a** Es regnet.

der Regen **2**   **b** Es schneit.

die Wolken **3**   **c** Es ist sonnig.

der Schnee **4**   **d** Es ist windig.

der Wind **5**   **e** Es ist bewölkt.

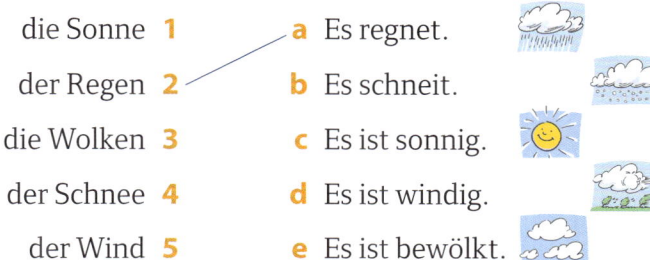

Minimemo

Es ist sonnig und warm.
Es regnet.
Es schneit.

b) Wie ist das Wetter. Schreiben Sie.

Es ....

c) Und heute? Sprechen Sie über das Wetter.

Heute ist es sonnig und heiß.

Redemittel

Über das Wetter sprechen
Die Sonne scheint.
Es regnet. / Es schneit. / Es ist sonnig. / Es ist windig.
Es ist warm. / Es ist bewölkt. / Es ist heiß. / Es ist kühl. / Es ist kalt.
Heute ist es …und …
Es ist zu heiß / kalt / warm.
Bei uns ist es oft / nie …

3 **Wie ist das Wetter bei Ihnen? Wann ist es heiß? Wann ist es kalt?**

In Syrien ist es im Sommer sehr heiß.

Im März regnet es viel.

Beim uns ist es im Winter kühl.

Wichtige Wörter und Sätze

Gegenstände im Kursraum

der Computer, der Stift, das Deutschbuch, das Wörterbuch, das Heft, die Tafel, die Tasche

Im Deutschkurs

das sagt der Lehrer / die Lehrerin	das sagt der Lerner / die Lernerin
Lesen Sie bitte die Wörter.	Sprechen Sie bitte langsamer.
Hören Sie den Text.	Buchstabieren Sie das bitte.
Schreiben Sie bitte.	Wie heißt das auf Deutsch?
Antworten Sie bitte.	Ich verstehe das nicht.
	Können Sie das bitte wiederholen?
	Können wir eine Pause machen?

Die Jahreszeiten

der Frühling, der Sommer, der Herbst, der Winter

Über das Wetter sprechen

Die Sonne scheint.
Es ist sonnig. / Es ist windig.
Es regnet. / Es schneit.
Es ist warm. / Es ist bewölkt. / Es ist heiß. / Es ist kühl. / Es ist kalt.
Heute ist es …und …
Es ist zu heiß / zu kalt / zu warm.
Bei uns ist es oft / nie …

Möbel und Zimmer

das Bett, das Regal, der Schrank
der Tisch, der Stuhl, der Herd, die Spüle
das Waschbecken, die Dusche, die Toilette
das Bad, die Küche, der Speisesaal, das Zimmer

Besteck und Geschirr

das Messer, die Gabel, der Löffel
der Teller, das Glas, die Tasse

Grammatik: *der – das – die* und *ein – eine*

der Computer - Das ist **ein** Computer.
das Regal - Das ist **ein** Regal.
die Lampe - Das ist **ein**e Lampe.

Grammatik: *Wo?*

Wo ist der Tisch?   **Im** Speisesaal.
                 Im Zimmer.
                 In der Küche.

Grammatik

3 Drinnen und draußen

1 Wortbilder. Ein Wohnzimmer – mein Wohnzimmer. Ergänzen Sie und zeichnen Sie dann Ihr Wohnzimmer.

1. *das Regal* ....
2. ....
3. ....
4. ....
5. ....
6. ....
7. ....
8. ....

2 Bildlexikon. Auf dem Tisch. Ergänzen Sie.

1. *der Computer* ....   4. ....   7. ....
2. ....   5. ....   8. ....
3. ....   6. ....   9. ....

3 Wie ist das Wetter? Beschreiben Sie die Fotos.

Es ist ... .

Es ... .

4 Meine Familie, mein Beruf

A Meine Familie

1 Biografische Informationen sammeln

a) Lesen Sie den Text und notieren Sie.

Ich bin Flüchtling

Ich heiße Ahmed Yahya. Ich komme aus Aleppo. Das ist eine Stadt in Syrien. Ich bin Mathematiklehrer. Meine Frau Djamila ist Kranken-schwester. Wir haben zwei Kinder. Mein Sohn Ahmed ist acht Jahre. Meine Tochter Gharam ist fünf. Meine Heimatstadt Aleppo ist eine Stadt mit viel Tradition. Es gab Touristen, viele Restaurants und eine Universi-tät. Jetzt ist alles kaputt: die Universität, das Krankenhaus und meine Schule. Meine Eltern sind tot. Ich war in Griechenland und dann in Serbien und Ungarn. Ich bin jetzt in Deutschland. Ich habe einen Asylantrag gestellt. Meine Frau, mein Sohn und meine Tochter sind in Jordanien. Wir telefonieren jede Woche. Wir sind jetzt alle Flüchtlinge.

Ich heiße _Ahmed_ .

Ich komme aus .... Meine Frau ist

.... Ich war in .... und dann

in .... und .... Ich habe einen

.... gestellt. Meine Frau, mein Sohn und

meine Tochter ....

b) Sammeln Sie Wörter und Wendungen im Text.

Name	Woher?	Familie	Wo?	Berufe
	aus …	Eltern …	Jordanien	

2 Drei Artikel: *der – das – die*. Notieren Sie die Nomen mit Artikeln aus den Einheiten 1–3. Arbeiten Sie mit der Wörterliste im Internet.

Kaffee, Tee, Stadt, Land, Telefonnummer, …

der	das	die
der Kurs	das Deutschbuch	die Schule
....	....	....

Lerntipp
Wörter in Sätzen lernen

die Feuerwehr: Bitte rufen Sie die Feuerwehr.
die Polizei: Wo ist die Polizei?

3 Possessivartikel: mein Handy – meine Familie

a) Lesen Sie und vergleichen Sie.

der Sohn	**Mein** Sohn ist neun.
der Lehrer	**Mein** Lehrer ist 28.
der Bruder	**Mein** Bruder wohnt in Dortmund.
das Kind	**Mein** Kind ist drei.
das Handy	**Mein** Handy ist alt.
das Deutschbuch	**Mein** Deutschbuch ist neu.
die Tochter	**Mein**e Tochter heißt Gharam.
die Lehrerin	**Mein**e Lehrerin heißt Angela Schuster.
die Schwester	**Mein**e Schwester wohnt jetzt in Köln.
die Eltern	**Mein**e Eltern kommen aus Damaskus.
die Großeltern	**Mein**e Großeltern sind tot.
die Kinder	**Mein**e Kinder lernen Deutsch.

b) Ergänzen Sie.

Das ist _meine_ Mutter. Das sind .... Kinder. Das sind

.... Großeltern. Aleppo ist .... Heimatstadt.

.... Frau ist im Libanon. .... Deutschlehrerin /

.... Deutschlehrer heißt ....

4 Fragen und antworten Sie.

Was ist das?

Das ist meine Uhr.

Das sind meine Schlüssel.

der Stift		die Tasche		die Uhr		das Wörter-buch	
die Brille		der Stuhl		die Schlüssel		die Stifte	

5 Schreiben Sie einen Ich-Text und präsentieren Sie ihn im Kurs.

Ich heiße … Mein Mann / Meine Frau …

B Familienfotos

1 Familienfotos. Hören Sie. Ordnen Sie die Fotos den Hörtexten zu.

39

a

meine Kinder: mein Sohn
und meine Tochter

b

mein Mann/meine Frau

c

meine Eltern: mein
Vater und meine Mutter

e

meine Oma

d

mein Bruder und
meine Schwester

Hörtext	1	2	3	4	5
Foto					

2 Über ein Foto sprechen. Lesen Sie die Antworten.

Wer ist das?

Das ist mein Mann. Er heißt Mahmud.
Das ist mein**e** Frau. Wir sind seit fünf Jahren verheiratet.
Das ist mein Bruder Ahmed, und das ist mein**e** Schwester Djamila.
Das ist mein Opa, und das ist mein**e** Oma. Sie sind schon alt.
Das sind mein**e** Eltern. Mein**e** Mutter ist leider schon tot.
Mein Vater ist 67 Jahre alt.
Das sind mein**e** Kinder. Mein Sohn ist acht Jahre alt, mein**e** Tochter ist fünf.
Das sind mein**e** Großeltern. Sie wohnen in Amman.

3 Familienwörter zusammen lernen. Ergänzen Sie.

Meine Mutter und mein ....

Das sind meine Eltern.   Aha, das sind deine Eltern.

Meine Schwester und ....

Das sind meine Geschwister.   Aha, das sind deine Geschwister.

.... und
mein Sohn.

Das sind meine Kinder.   Aha, das sind deine Kinder.

Meine .... und mein Opa.

Das sind .... Großeltern.

> 👍 **Lerntipp**
> **„dein" funktioniert wie „mein"**
> dein Haus – mein Haus
> deine Kinder – meine Kinder

4 Meine Familie und ich. Erzählen Sie.

Wer ist das?

Rechts, das ist …

Links, das ist…

Wie alt ist dein …?

Wo wohnt deine …?

Wie alt sind deine …?

> **Minimemo**
> **Partnerwörter lernen**
>
> mein/dein Mann – meine/deine Frau
> mein Vater – meine Mutter
> mein Sohn – meine Tochter
> mein Bruder – meine Schwester
> mein Opa – meine Oma

 **5** Hören Sie und sprechen Sie nach.
40

C Berufe

 41 **1** Berufe sehen und hören. Sehen Sie die Fotos an. Hören Sie und ordnen Sie zu.

a) die Ingenieurin
b) der Auto-mechaniker
c) der Arzt
d) die Kellnerin
e) die Sekretärin
f) die Verkäuferin
g) der Taxifahrer
h) der Lehrer
i) die Frisörin
j) die Hausfrau

Hörtext	1	2	3	4	5	6	7	8	9	10
Foto	c						i			

2 Wörter sortieren. Frau oder Mann? Ordnen Sie zu.

~~Verkäuferin~~ – Lehrerin – ~~Ingenieur~~ – Ärztin – Sekretärin – Taxifahrerin – Frisör – Automechanikerin – Kellner – Hausmann

👤 der

der Ingenieur

👤 die

die Verkäuferin

Minimemo

Frau: -in
der Frisör –
die Frisörin
der Arzt –
die Ärztin

die Hausfrau –
der Hausmann

3 Welche Berufe hören Sie? Kreuzen Sie an.

der Arzt ■   die Lehrerin ■   der Programmierer ■   der Professor ■   der Bauer ■
die Verkäuferin ■   die Erzieherin ■   der Automechaniker ■   die Studentin ■
die Frisörin ■   der Kellner ■   der Koch ■

4 Hören und schreiben Sie.

1. Ich bin Verkäu *f e* ....

2. Mein Bruder ist T .... fahrer.

3. Meine Schwester ist Ärz ....

4. Ich bin Haus .... , mein Vater ist Leh .... und

meine Mutter Lehr ....

5. Mein Mann ist arbeits .... , ich bin Kelln ....

5 Berufe – Personen interviewen und vorstellen

a) Lesen Sie laut.

Fragen	Antworten
1. Was sind Sie von Beruf?	Ich bin Taxifahrer. Ich habe in Damaskus als Taxifahrer gearbeitet. Ich bin arbeitslos. Ich möchte als Automechaniker arbeiten.
2. Was ist er von Beruf?	Mohammad ist Taxifahrer. Er hat in Damaskus als Taxifahrer gearbeitet. Er möchte als Automechaniker arbeiten.

b) Machen Sie Interviews im Kurs. Notieren Sie und stellen Sie die Person vor.

Was sind Sie von Beruf?

Ich bin …

Was ist er von Beruf?

Er ist …

D Persönliche Angaben

1 Ein Behördengespräch

a) Hören und lesen Sie.

Guten Tag, Herr ... ähm.

Guten Tag.

Entschuldigung, wie heißen Sie?

Mein Name ist Wakur Darwisch.

Darwisch ist der Familienname?

Darwisch. Wakur Darwisch.

Woher kommen Sie?

Ja.

Wie alt sind Sie, Herr Darwisch?

Aus Syrien, aus Damaskus.

Und wann sind Sie geboren?

Ich bin 31 Jahre alt.

Sind Sie verheiratet?

Am 1. August 1985.

Seit wann sind Sie verheiratet?

Ja, ich bin verheiratet.

Und wo ist Ihre Frau?

Seit neun Jahren.

Haben Sie auch Kinder?

Meine Frau ist im Libanon.

Ja. Ich habe zwei Kinder. Mein Sohn, Rafik, ist acht und meine Tochter, Mina, ist fünf.

Und Ihre Eltern?

Meine Eltern wohnen in Beirut.

Sie wohnen jetzt hier in Berlin?

Ja, in der Brückenstraße 11, in 12439 Berlin.

Seit wann sind Sie hier?

Seit drei Monaten.

Was sind Sie von Beruf?

Ich bin Lehrer. Englischlehrer.

b) Sammeln Sie Informationen.

Registrierung von Flüchtlingen und Asylsuchenden

Familienname	Vorname
Darwisch	
Geburtsort	**Geburtsdatum**
Staatsangehörigkeit	**Fam lienstand**
Kinder (Vorname)	**Beruf**
Adresse (Straße, Hausnummer, Postleitzahl)	

2 Variieren Sie den Dialog.

Guten Tag, Frau … ähm? /
Guten Tag Herr … ähm?

           Ich bin …

Woher kommen Sie?

           Aus …

Wann sind Sie geboren?

           Am …

Sind Sie verheiratet?

           Nein. / Ja, seit .... *v* Jahren.

Haben Sie Kinder?

           Nein. / Ja. Ich habe ein Kind. /

           .... Kinder.

Und Ihre Eltern?

           Meine Eltern ....

Und was machen Sie?

           Ich bin ....

Redemittel

Ich bin seit 2002 verheiratet. / Ich bin verlobt.
Ich bin ledig. / Ich bin geschieden.
Ich lebe allein. / Ich bin Single.
Seit wann sind Sie hier?   Ich bin seit März/… /… zwei/… Monaten in Deutschland.

nach der Familie fragen und antworten

Sind Sie verheiratet?
Ja, ich bin seit drei Jahren verheiratet. / Nein.

Haben Sie Kinder?
Ja, meine Tochter ist …
Ja, ich habe … Kinder. / Ja, mein Sohn ist …
Nein.

Wie heißen sie?
Mein Sohn heißt … / Meine Tochter heißt ….

Wie alt sind sie?
Er ist … / Sie ist …

Und Ihre Familie?
Mein Bruder heißt …
Er ist … Jahre alt.
Meine Schwester heißt …
Sie ist … Jahre alt.
Meine Eltern wohnen in …
Mein Vater ist … /
Meine Mutter ist …
… ist / sind tot.

nach dem Beruf fragen	und antworten
Was sind Sie von Beruf?	Ich bin Automechaniker.
Was machen Sie?	Ich habe als Taxifahrer gearbeitet.
	Ich bin arbeitslos.
	Ich möchte als Frisörin arbeiten.

Grammatik

der Bruder	die Schwester	die Kinder
mein/dein Bruder	**meine/deine** Schwester	**meine** Kinder

Ich **bin** Claudia. Das **ist** mein Bruder. Das **sind** mein**e** Kinder. – Aha, das sind dein**e** Kinder.

der Lehrer	die Lehrer**in**
der Arzt	die **Ä**rzt**in**
Seit wann?	Seit März/drei Monaten/2015.

4 Meine Familie, mein Beruf

1 **Meine Familie.**

a) **Ergänzen Sie die Paare.**

meine Oma   *mein* ....

....   mein Vater

                              Ich

meine Schwester   ....

....   mein Sohn

b) **Lesen Sie die Informationen und schreiben Sie Sätze.**

Vater: Abdal, 64 Jahre, in Hama – Mutter: Aylin, 61 Jahre, Hausfrau – Schwester: Mina,
32 Jahre, Frisörin – Bruder: Faruk, 29 Jahre, Student in Amman – Oma und Opa leider
schon tot; Tochter: Shamara, elf Jahre, Sohn Tarek, sechs Jahre – seit fünf Monaten in
Deutschland

Das ist mein ... Er/Sie heißt ....

....

....

....

....

....

....

....

....

....

2 **Und Sie? Schreiben Sie fünf Sätze.**

Ich heiße …
Ich bin …
Mein … / Meine …
Wir wohnen seit … in … / Ich wohne in …

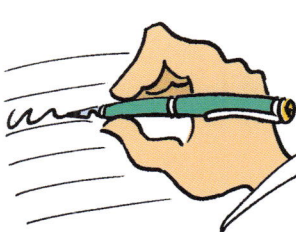

A Lebensmittel

1 Was ist was? Hören Sie, zeigen Sie und ergänzen Sie die Zahlen.

der Kaffee *22* und der Tee *8*   die Bananen *5* und die Äpfel *14*   die Nudeln *18*

der Reis *17* die Tomaten ▪ und der Salat *16*   die Milch *2*, die Butter *11* und der Käse *9*

der Joghurt ▪   das Mehl *7*   die Kartoffeln *20* die Zwiebeln *4*

die Schokolade ▪   der Fisch ▪   der Wein *23*   das Wasser *1*

das Hähnchen *19*   die Wurst *12*   das Brot *16*   die Sahne *15*

2 Lebensmittel. Hören Sie und sprechen Sie nach.

3 Interviews. Was kaufen die Leute? Hören Sie und markieren Sie in 1.

4 Welche Lebensmittel kennen Sie (nicht)?

Äpfel und Bananen kenne ich.

Lachs kenne ich nicht.

5 Ich mag … / … mag ich nicht. Lesen Sie die Karte und ordnen Sie zu.

☺		☹	
trinken	**essen**	**trinken**	**essen**
....	....	....	....
....	....	....	....
....	....	....	....
....	....	....	....

6 Hören, lesen und üben Sie.

47

- ■ Was trinken Sie gern?
- ◆ Oh, ich trinke gern Kaffee.
- ■ Und was trinken Sie nicht so gern?
- ◆ Tee. Tee mag ich nicht.
- ■ Was essen Sie gern?
- ◆ Ich esse gern Brot mit Käse. Und Sie?
- ■ Ich esse gern Suppe.

- ■ Was trinken Sie gern?
- ◆ Ich mag …
- ■ Was essen Sie gern?
- ◆ Ich esse gern …
- ■ Was essen Sie nicht gern?
- ◆ … mag ich nicht.

B Einkaufen

 **1** Guten Tag, Sie wünschen?

a) Hören und lesen Sie laut.

ein Kilo (kg) Kartoffeln
= 1000 Gramm (g)

ein halbes Kilo
= 500 Gramm = ein Pfund

200 g Tomaten / 150 g Käse

1.

2.

 b) Lesen und variieren Sie die Dialoge.

1. ■ Was brauchen wir?
    Nudeln oder Reis?
    ◆ Wir brauchen Reis.
    ■ Noch etwas?
    ◆ Ja, Tomaten.

    ■ Was brauchen wir?
    Wasser oder ....?
    ◆ Wir brauchen ....
    ■ Noch etwas?
    ◆ Ja, ...

2. ■ Guten Tag, Sie wünschen?
    ◆ Bitte ein Kilo Tomaten.
    ■ Noch etwas?
    ◆ Ja, zwei Kilo Kartoffeln.
    ■ Ist das alles?
    ◆ Ja danke. Das ist alles.

    ■ Guten Tag, Sie wünschen?
    ◆ Bitte ein Kilo ....
    ■ Noch etwas?
    ◆ Ja, zwei Kilo ....
    ■ Ist das alles?
    ◆ Ja danke. Das ist alles.

⏵🎧 2 📻 49 **Textkaraoke. Hören, lesen und sprechen Sie die ☞-Rolle.**

🎙 Guten Tag, Sie wünschen?
☞ Was kosten die Orangen?
🎙 Das Kilo kostet 2 Euro 80.
☞ Und die Bananen?
🎙 Die sind im Angebot und kosten nur
2 Euro 40 das Kilo.
☞ Gut, ich hätte gern zwei Kilo, bitte.
🎙 Noch etwas?
☞ Nein danke. Das ist alles.

👥 3 **Im Supermarkt. Sehen Sie die Fotos an, ordnen Sie zu und sprechen Sie.**

Foto

1. Was kosten die Äpfel? **a**
2. Wir brauchen noch Käse. ▢
3. Wo ist die Butter? ▢
4. ▪ Was ist das? ◆ Blumenkohl. ▢
5. Das macht 12,73 €, bitte. ▢
6. Ich brauche den Kassenzettel,
bitte. ▢
7. Danke und auf Wiedersehen. ▢
8. ▪ Gibt es hier auch Joghurt?
◆ Natürlich, dort hinten. ▢
9. Entschuldigung,
haben Sie auch Paprika? ▢
10. ▪ Entschuldigung, wo finde
ich Milch? ◆ Milch? Milch finden
Sie hinten links. ▢

a) Obst und Gemüse

b) im Kühlregal

c) an der Kasse

4 **Fünf wichtige Lebensmittel in Ihrem Land. Wie heißen sie auf Deutsch? Schreiben Sie einen Einkaufszettel. Arbeiten Sie mit dem Wörterbuch. Vergleichen Sie im Kurs.**

C Kleidung kaufen

1 Was ist was? Hören Sie die Wörter und zeigen Sie die Kleidungsstücke auf dem Bild.

50

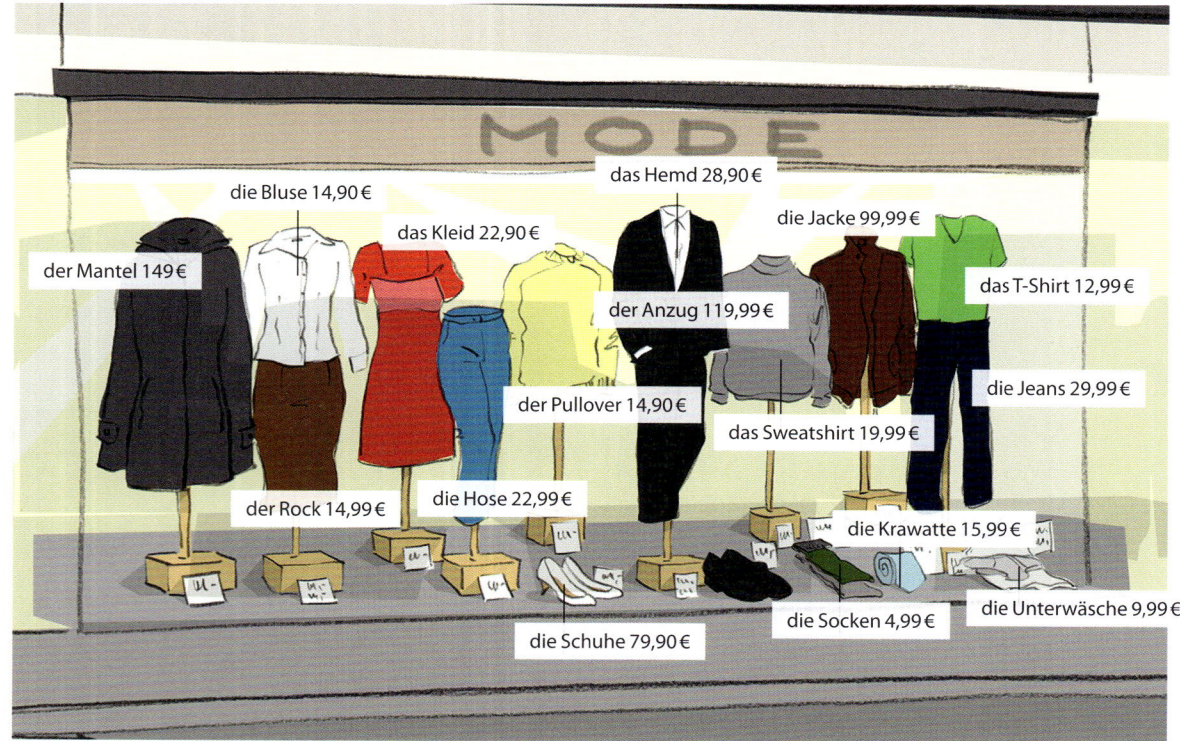

der Mantel 149 €
die Bluse 14,90 €
das Kleid 22,90 €
das Hemd 28,90 €
die Jacke 99,99 €
das T-Shirt 12,99 €
der Anzug 119,99 €
der Pullover 14,90 €
das Sweatshirt 19,99 €
die Jeans 29,99 €
der Rock 14,99 €
die Hose 22,99 €
die Krawatte 15,99 €
die Socken 4,99 €
die Unterwäsche 9,99 €
die Schuhe 79,90 €

2 Kleidung und Farben im Kurs. Nennen Sie eine Farbe, die anderen raten das Kleidungsstück.

rot   blau   gelb
grün   braun
orange   grau   rosa
schwarz   weiß

Rot.   Das T-Shirt von Asifa.

Grün.   Die Jacke von Khalil.

3 Über Kleidung sprechen. Kombinieren Sie.

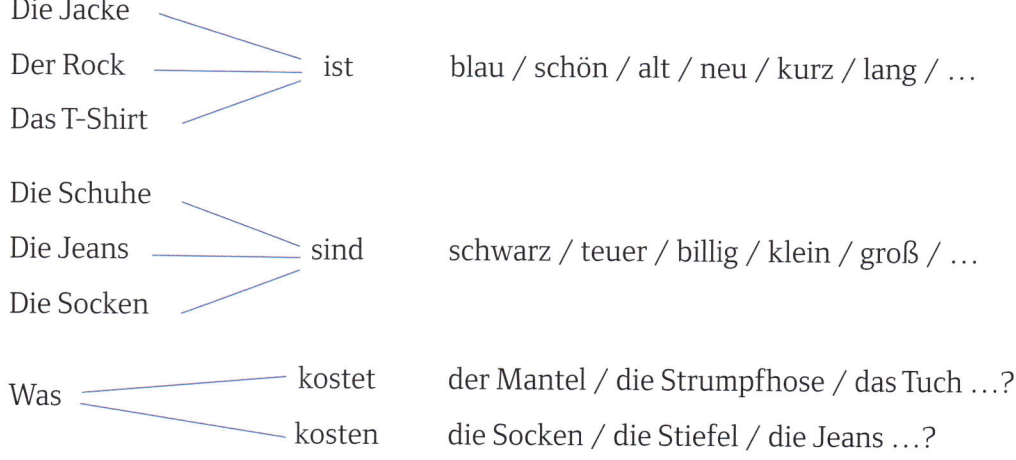

Die Jacke
Der Rock ———— ist   blau / schön / alt / neu / kurz / lang / …
Das T-Shirt

Die Schuhe
Die Jeans ———— sind   schwarz / teuer / billig / klein / groß / …
Die Socken

Was ———— kostet   der Mantel / die Strumpfhose / das Tuch …?
      ———— kosten   die Socken / die Stiefel / die Jeans …?

4 Einkaufsdialoge

 a) Hören Sie und ordnen Sie die Fotos den Dialogen zu.

51

a

b

b) Lesen Sie die Dialoge mit einem Partner/einer Partnerin.

1 ▪ Entschuldigung, wo finde ich Jeans?
   ◆ Dort hinten. Welche Größe denn?
   ▪ Normal 44, in Jeans 34.
   ◆ Hier sind zwei, in blau und grau. Die Jeans sind im Angebot.
   ▪ Wo ist die Umkleide?
   ◆ Dort hinten rechts.
   ▪ Passt gut. Was kostet eine Jeans?
   ◆ € 39,95.
   ▪ Prima. Wo ist die Kasse, bitte?

2 ◆ Guten Tag, kann ich Ihnen helfen?
   ▪ Ja, ich hätte gerne ein T-Shirt für meinen Sohn, Größe 164.
   ◆ Hier, ganz modern in blau und grün.
   ▪ Haben Sie das T-Shirt auch in rot und weiß?
   ◆ Nein, aber hier ist ein T-Shirt in rot mit Schrift in weiß.
   ▪ Das ist schön, das hätte ich gern.

c) Markieren Sie Farben, Größen, Preise in den Dialogen.

 5 Dialoge üben – andere Kleidung, andere Farben, andere Größen, andere Preise.

◆ Guten Tag, kann ich Ihnen helfen?

   ▪ Guten Tag, ich hätte gern …

◆ Welche Größe/Farbe denn?

   ▪ In 44 / in grün …

◆ Hier, bitte.

   ▪ Es passt gut / nicht. Haben Sie es auch in 46 / blau …

◆ Ja / Nein, leider nicht.

   ▪ Was kostet …?

◆ € 89,90 / Im Angebot für 29,95 / …

   ▪ Prima, nehme ich. Wo ist die Kasse, bitte?

> Größen Damen: 34, 36, 38, 40, 42 … 48
> Größen Herren: 48, 50, 52, … 56
> beide: XS – S – M – L – XL – XXL …
> Kinder: 62, 68, 74 …(Baby), 86, 92, 98 …(Kleinkind), 116, 122 … 176 (Schulkind)

Wichtige Wörter und Sätze
Was ich mag / Was ich nicht mag

Ich trinke gern …
Ich esse gern …

Fisch / Tomaten / … esse ich nicht so gern. Zwiebeln mag ich nicht.
Schweinefleisch esse ich nicht. Alkohol trinke ich nicht.

Einkaufen

Ich hätte gern noch 1 Kilo…/200 Gramm …

- Was brauchen wir?   ◆ Wir brauchen noch …

Brot
Tee
Zucker
Milch
Bananen
Butter
Mineralwasser

- Noch etwas?   ◆ Nein, danke.
- Noch einen Wunsch?   ◆ Danke, das ist alles.
- Ist das alles?   ◆ Ich hätte gern noch
100 Gramm / ein Kilo /
ein halbes Kilo …

Kleidung kaufen

- Kann ich Ihnen helfen?   ◆ Ja, ich hätte gern
eine Hose.

- Welche Größe?   ◆ Größe 44.

Bezahlen

Was kostet der/das/die …?   Drei Euro fünfundachtzig /
neununddreißig Euro fünfzig.

Was macht das?   Das macht sechs Euro vierzig, bitte.

Grammatik: *der – das – die*

Grammatik

Was kostet **der** Reis / **das** Brot / **die** Milch?

Und was kosten **die** Kartoffeln / **die** Äpfel / **die** Tomaten?

Was kostet **der** Pullover / **das** Hemd / **die** Jacke?

5 Guten Tag, Sie wünschen bitte?

1 **Ordnen Sie die Sätze und schreiben Sie zwei Dialoge.**

Noch etwas? – Zwei Kilo Tomaten, bitte. – ~~Was brauchen wir?~~ – Guten Tag, Sie wünschen?
– Ist das alles? – Wir brauchen Brot und Milch. – Ja, ein Kilo Äpfel und zwei Kilo Kartoffeln,
bitte. – Ja danke. Das ist alles. – Mhh, ja! Der Tee ist alle. Wir brauchen Tee.

Dialog 1

■ *Was brauchen wir?* ....

◆ ....

■ ....

◆ ....

   ....

Dialog 2

● *Guten* ....

▲ ....

● ....

▲ ....

● ....

▲ ....

2 **Was braucht Siroun? Schreiben Sie einen Einkaufszettel.**

Wasser ....

3 **Kleidung. Was ist was? Schreiben Sie.**

1	2	3	4	5

1

der Mantel ....

Größe: 36, 38, 40, 42

Farbe: ....

2

....

Größe: 38, 40, 42

Farbe: ....

3

....

Größe: S – M – L

Farbe: ....

4

....

Größe: 38, 40, 42

Farbe: ....

5

....

Größe M – L – XL

Farbe: ....

A Meine Stadt

1 Wo ist der Bahnhof?

52

a) Hören und zeigen Sie.

b) Ordnen Sie zu.

6 die Bank *14* die Post ☐ der Marktplatz ☐ das Gemeindezentrum *19* der Sportplatz
☐ der Bahnhof ☐ die Arbeitsagentur *16* der Park und der Spielplatz ☐ die Grundschule
7 das Café ☐ das Rathaus ☐ die Bibliothek ☐ die Volkshochschule ☐ der Supermarkt
☐ das Krankenhaus *11* die Kirche ☐ das Hotel ☐ die Polizei *8* die Bushaltestelle
☐ das Schwimmbad *25* die Toiletten *12* die Apotheke ☐ der Zoo ☐ der Drogeriemarkt
☐ das Ärztehaus

c) Lesen Sie laut, erst langsam und dann immer schneller.

2 Lesen Sie. Hören Sie und sprechen Sie nach.

Wo ist die Volkshochschule? – In der Regensburger Straße.
Wo ist die Arbeitsagentur? – In der Parkallee.
Wo ist die Post? – Am Marktplatz.
Wo ist die Bushaltestelle? – Am Marktplatz.
Wo ist das Gemeindezentrum? – In der Nürnberger Straße.
Wo ist das Krankenhaus? – In der Goethestraße.
Wo ist der Zoo? – In der Goethestraße.
Wo ist die Bibliothek? – In der Goethestraße.
Wo ist der Drogeriemarkt? – In der Regensburger Straße.

3 Meine Stadt, mein Dorf. Üben Sie mit Ihrem Stadtplan.

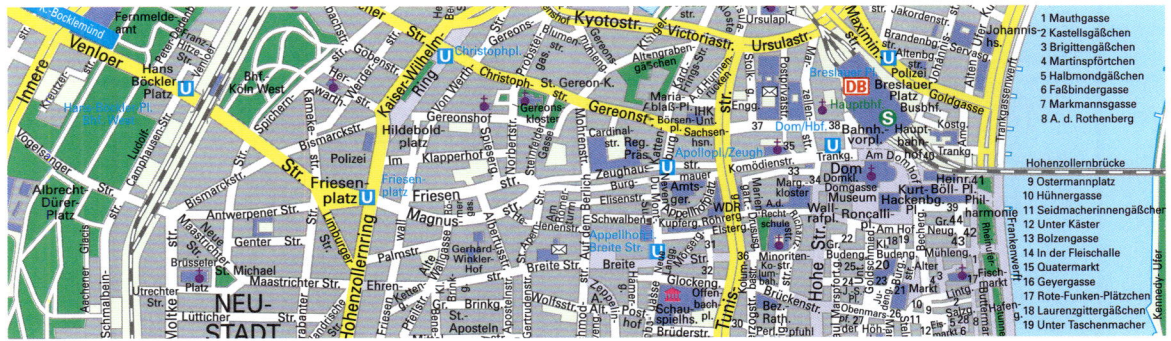

a) Notieren Sie. Was ist wo in Ihrem Ort?

Die Volkshochschule ist in der ....

Das Rathaus ist ....

Das Bürgerbüro ist ....

Der Bahnhof ist ....

Die Arbeitsagentur ist ....

Das Krankenhaus ist ....

Der Supermarkt ist ....

Der Spielplatz ist ....

Das Gemeindezentrum ist ....

Die Grundschule ist ....

b) Fragen und antworten Sie mit den Wörtern aus a).
Was ist wo in Ihrem Ort?

> Wo ist die Volkshochschule?

> In der Hauptstraße.

> Und das Rathaus?
> Wo ist das Rathaus?

> In der ...

B Alltag und Freizeit

1 **Was machen Sie wo?**

a) Lesen Sie und ordnen Sie zu.

a  Fußball spielen

b  eine Fahrkarte kaufen

c  eine E-Mail schreiben

d  zum Amt gehen

e  Fahrrad fahren

f  kochen

g  Schach spielen

h  einkaufen gehen

i  fernsehen

j  ein Paket verschicken

k  Geld holen

l  Freunde treffen

1. ▦ die Volkshochschule
2. ▦ der Supermarkt
3. ▦ das Café
4. ▦ der Geldautomat
5. ▦ der Bahnhof
6. ▦ der Park
7. ▦ der Sportplatz
8. ▦ die Post
9. ▦ das Bürgerbüro
10. ▦ das Wohnheim/zu Hause

m  Musik hören

n  spazieren gehen

o  Deutsch lernen

b) Was machen Sie? Alle sagen einen Satz.

Fußball spielen → Ich spiele Fußball.

zum Amt gehen → Ich gehe …

einkaufen gehen → Ich gehe einkaufen.

 **2** **Was hören Sie? Kreuzen Sie an.**

54

Mayla
a) ▦ zum Amt gehen
b) ▦ spazieren gehen
c) ▦ einkaufen gehen

Amir
a) ▦ in den Park gehen
b) ▦ ins Café gehen
c) ▦ Fußball spielen

Selma
a) ▦ Freunde treffen
b) ▦ Deutsch lernen
c) ▦ ein Paket verschicken

3 *Gern* oder *nicht gern*? Schreiben Sie Sätze.

☺ gern   ☹ nicht gern

1. Sie spielen gern Fußball.   Sie spielen nicht gern Fußball.

2. Sie gehen gern ins Café.   Sie gehen nicht gern ....

3. Sie gehen gern spazieren.   Sie gehen ....

4. Sie gehen gern einkaufen.   Sie ....

5. Sie schwimmen gern.   Sie schwimmen nicht gern.

6. Sie lesen gern.   Sie ....

7. Sie fahren gern Fahrrad.   Sie fahren .... Fahrrad.

8. Sie spielen gern Schach.   ....

4 Was macht Herr Bouzidi gern? Was macht er nicht gern?

a) Hören Sie und kreuzen Sie an.

	Herr Bouzidi		Ich	
	☺	☹	☺	☹
Fußball spielen	X	☐	☐	☐
Musik hören	☐	☐	☐	☐
spazieren gehen	☐	☐	☐	☐
einkaufen gehen	☐	☐	☐	☐
schwimmen	☐	☐	☐	☐
lesen	☐	☐	☐	☐
Fahrrad fahren	☐	☐	☐	☐
grillen	☐	☐	☐	☐

b) Und was machen Sie gern / nicht gern? Kreuzen Sie in a) an.

5 Variieren Sie die Dialoge.

Ich gehe gern spazieren. Und Sie?

Ich spiele nicht gern Fußball. Und Sie, Frau Schmidt? Was machen Sie nicht gern?

Herr Demirel, was machen Sie gern?

Ich fahre nicht gern Fahrrad.

C Uhrzeiten und Fahrpläne

 1 Wie spät ist es?

a) Hören Sie und sprechen Sie nach.

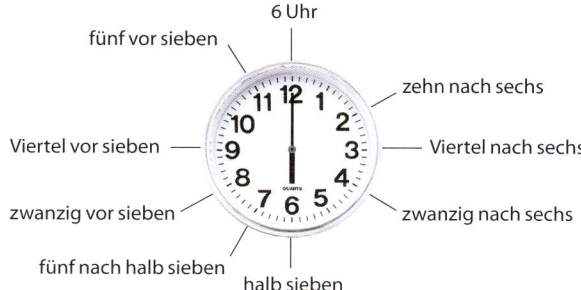

fünf vor sieben · 6 Uhr · zehn nach sechs · Viertel vor sieben · Viertel nach sechs · zwanzig vor sieben · zwanzig nach sechs · fünf nach halb sieben · halb sieben

Zeit
die Sekunde
die Minute
die Stunde
der Tag
die Woche
der Monat
das Jahr

b) Welche Zeit hören Sie? Markieren Sie in a).

2 Wie spät ist es? Kreuzen Sie an.

1.
a) ■ Viertel vor fünf
b) ■ Viertel nach vier

2.
a) ■ halb zwei
b) ■ halb drei

3.
a) ■ zwanzig vor 12
b) ■ zwanzig nach 11

4.
a) ■ zehn nach zehn
b) ■ zehn nach zwei

3 Malen Sie eine Uhr. Fragen und antworten Sie.

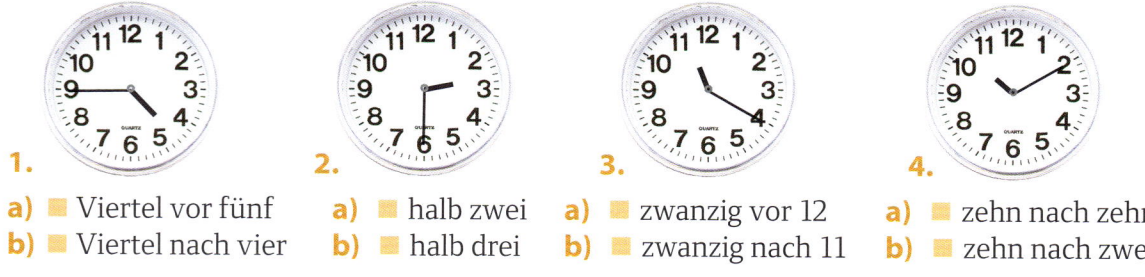

Entschuldigung, wie spät ist es?

Es ist Viertel vor drei.

4 Was passt? Ordnen Sie zu.

14:45	Viertel vor drei	**1**	**a** zehn Uhr zwanzig
10:20	zwanzig nach zehn	**2**	**b** sechzehn Uhr fünfunddreißig
16:35	fünf nach halb fünf	**3**	**c** einundzwanzig Uhr
20:15	Viertel nach acht	**4**	**d** zwanzig Uhr fünfzehn
21:00	neun Uhr	**5**	**e** vierzehn Uhr fünfundvierzig

5 Verkehrsmittel

a) Ordnen Sie zu.

das Auto – der Bus – die S-Bahn – die Straßenbahn – die U-Bahn – der Zug

1 ....

2 ....

3 ....

4 ....

5 ....

6 ....

b) Welche Verkehrsmittel benutzen Sie?
   Sprechen Sie im Kurs.

Ich gehe gern zu Fuß. Und Sie?

Ich fahre oft mit dem Bus.

Minimemo

Ich fahre mit dem Bus / mit dem Zug / mit dem Auto.
Ich fahre mit der S-Bahn / mit der U-Bahn.
Ich gehe zu Fuß.

6 Ein Fahrplan
   a) Lesen Sie den Fahrplan und beantworten Sie die Fragen.

Abfahrt Nürnberg Hbf.				
Zeit		**Zug**	**Richtung / Unterwegshaltestellen**	**Gleis**
11:48	*NV*	RE 3413	**Bayreuth Hbf** Nürnberg Hbf 11:48 - Hersbruck(Pegnitz) 12:03 - Neuhaus(Pegnitz) 12:20 - Pegnitz 12:30 - Creußen(Oberfr) 12:46 - Bayreuth Hbf 12:55	21
12:01	S	S 2	Nürnberg Hbf 12:01 - Rednitzhembach 12:23 - Büchenbach 12:27 - Roth 12:30	1
12:02	*ICE*	ICE 529	**München Hbf** Nürnberg Hbf 12:02 - München Hbf 13:19	9

1. Wann fährt der Regionalexpress nach Bayreuth?   *Um 11.48 Uhr.*

2. Wann fährt der ICE 529 nach München?   ....

3. Wann ist die S-Bahn in Roth?   ....

b) Üben Sie zu zweit. Fragen und antworten Sie wie in a).

Wichtige Wörter und Sätze

Stadtwörter

die Bank, die Post, die Polizei, die Kirche
das Rathaus, das Bürgerbüro, die Bibliothek, die Grundschule
der Marktplatz, der Supermarkt
der Bahnhof, die Bushaltestelle
der Park, der Spielplatz, das Café
der Sportplatz, das Schwimmbad, die Toiletten
das Krankenhaus, die Apotheke

Tätigkeiten

fragen	und antworten
Was machen Sie?	Ich lese. / Ich treffe Freunde.
	Ich höre Musik. / Ich lerne Deutsch.
	Ich fahre Fahrrad. / Ich spiele Fußball.
	Ich gehe einkaufen. / Ich gehe zum Amt.
Was machen Sie gern?	Ich lese (nicht) gern.
	Ich spiele (nicht) gern Fußball.
	Ich gehe (nicht) gern einkaufen.

Uhrzeiten

fragen **und antworten**

Entschuldigung, wie spät ist es? Es ist … Uhr

Viertel vor … — Viertel nach …

halb …

Wann fährt der Zug / der Bus /
die S-Bahn nach …?

Um … Uhr.
Um halb …

Wann ist der Zug / der Bus /
die S-Bahn in …?

Um Viertel vor … / Um Viertel nach …
Um 19:26 Uhr / …

Grammatik

einkaufen gehen: Ich gehe einkaufen.

Ich gehe nicht einkaufen.

Verkehrsmittel: Ich fahre mit dem Zug / dem Bus.
Ich fahre mit der S-Bahn. Ich gehe zu Fuß.

Übungen zum Schreiben

6 Meine Stadt, meine Zeit

1 Ein Rätsel. Ergänzen Sie die passenden Orte.

Da kann ich …

1. ein Paket verschicken   *Post* ....
3. spazieren gehen   ....
7. Geld holen   ....
8. Bücher holen   ....
10. Tee oder Kaffee trinken   ....

▼

2. Deutsch lernen   ....
4. Fußball spielen   ....
5. einkaufen gehen   ....
6. schwimmen gehen   ....
9. Filme sehen   ....

Kreuzworträtsel:
- 1: P, S
- 2 (senkrecht): S, P, R, A
- 3: R (Reihe)
- 4 (senkrecht): S, O
- 5 (senkrecht): S
- 6 (senkrecht): S, C, W
- 7: A
- 8: B, L, T
- 9 (senkrecht): A, O
- 10: A

2 Was machen Sie gern/nicht gern? Schreiben Sie acht Sätze.

1. Ich grille gern .

....

....

....

3 Schreiben Sie die Uhrzeiten.

1.   2.   3.   4.

halb vier ....

....

A   Der Körper und die Körperpflege

1 Körperteile. Hören und lesen Sie.

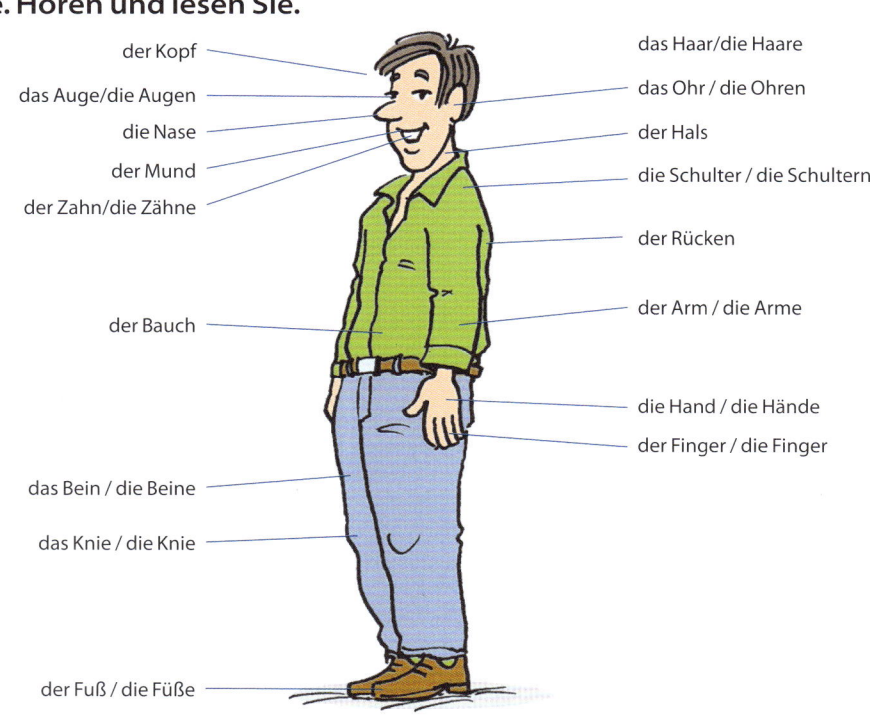

der Kopf
das Auge/die Augen
die Nase
der Mund
der Zahn/die Zähne
der Bauch
das Bein / die Beine
das Knie / die Knie
der Fuß / die Füße

das Haar/die Haare
das Ohr / die Ohren
der Hals
die Schulter / die Schultern
der Rücken
der Arm / die Arme
die Hand / die Hände
der Finger / die Finger

2 Körperteile von oben nach unten. Schreiben Sie die Körperteile.

die Nase – das Bein – das Knie – der Fuß – das Auge – der Bauch

1 das Auge ....   4 ....

2 ....   5 ....

3 ....   6 ....

3 Was ist das? Zeigen Sie auf einen Körperteil.
Der Partner / die Partnerin sagt das Wort.

Was ist das?

Das ist die Nase.

Das ist …

4 Welche Körperteile hören Sie? Kreuzen Sie an.

 der Arm  der Zahn   ■ das Auge ■ das Bein   ■ der Bauch ■ der Hals

■ die Hand ■ das Ohr   ■ der Mund ■ der Fuß   ■ der Rücken ■ die Schulter

5 Was ist das? Schreiben Sie.

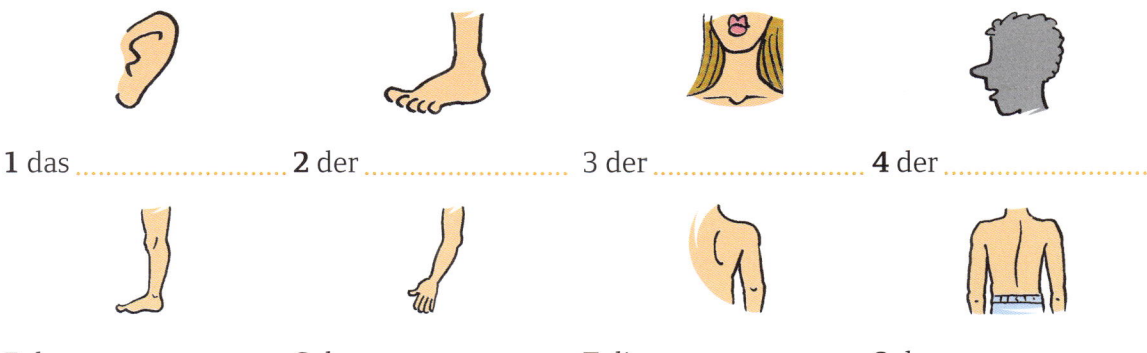

1 das .... 2 der .... 3 der .... 4 der ....

5 das .... 6 der .... 7 die .... 8 der ....

6 Körperpflege

a) Was ist was? Hören Sie und zeigen Sie.

die Seife   die Zahnbürste   das Handtuch/   die Bürste
                                     die Handtücher

der Kamm   die Zahncreme   das Shampoo   die Hautcreme

b) Was fehlt? Ordnen Sie aus a) zu und antworten Sie.

1 .... 2 .... 3 .... 4 ....

B Beim Arzt

1 Im Wartezimmer. Er/Sie hat … Ordnen Sie zu.

Halsschmerzen ■ Kopfschmerzen ■ Ohrenschmerzen ■ Bauchschmerzen ■
Rückenschmerzen ■ Zahnschmerzen ■ Grippe *1* Fieber *4* Husten *9*
eine Erkältung *7*

2 Krankheiten. Hören Sie und sprechen Sie nach.

61

3 Was hören Sie? Kreuzen Sie an.

Frau Allawi hat

■ Halsschmerzen.
■ Ohrenschmerzen.

Herr Salih hat

■ Grippe.
■ Fieber.

Frau Aradschi hat

■ eine Erkältung.
■ Husten.

62

4 Ärzte und Ärztinnen

a) Hören Sie und lesen Sie mit.

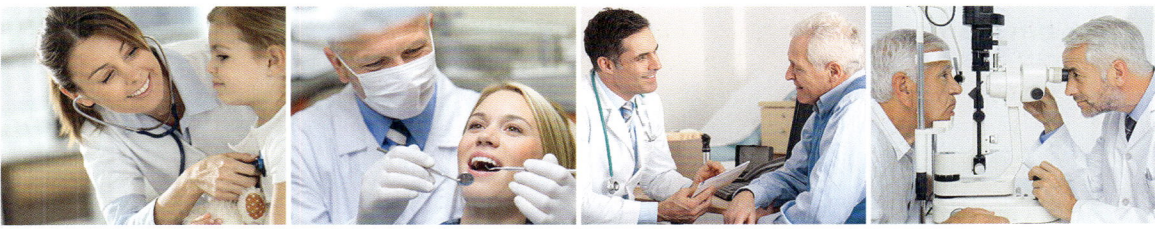

der Kinderarzt   der Zahnarzt   der Hausarzt   der Augenarzt

b) Zu welchem Arzt gehen Sie? Lesen Sie und ordnen Sie zu.

1. ■ Mein Kind hat Fieber.
2. ■ Ich habe eine Grippe.
3. ■ Ich habe Zahnschmerzen.
4. ■ Ich brauche eine Brille.

a

> Dr. Klaus Blum
> **Arzt für Allgemeinmedizin**

b

> DR. PETER FRANK
> FACHARZT FÜR AUGENKRANKHEITEN

c

> **Dr. med. dent. Pia Mocker**
> Zahnärztin

d

> Dr. med. Andrea Fux
> Kinderärztin

c) Informationen auf Arztschildern verstehen. Ergänzen Sie die Informationen.

> **Dr. Klaus Blum**
> **Arzt für Allgemeinmedizin**
> Sprechzeiten
> Montag 8–13 Uhr | Dienstag 16–20 Uhr
> Mittwoch 8–12, 15–18 Uhr
> Donnerstag 8–12 Uhr | Freitag 8–12 Uhr

Wie heißt der Arzt? _Dr._ ....

Er ist ein Arzt für ....

Wann ist die Praxis geöffnet? _Am Montag,_

_am_ ....

> **Lerntipp**
> Die Wochentage laut sprechen:
> **Montag, Dienstag, Mittwoch, Donnerstag, Freitag, Samstag, Sonntag**

5 Wann hat Dr. Baumann Sprechzeiten? Hören und lesen Sie. Ergänzen Sie die Uhrzeiten.

Die Praxis Dr. Baumann hat am Montag und am Dienstag von ....Uhr bis 12

Uhr und von .... bis 18 Uhr Sprechzeiten. Die Praxis ist am Mittwoch geschlos-

sen. Am Donnerstag und am Freitag gibt es Sprechzeiten von 8 Uhr bis .... Uhr.

C Was fehlt Ihnen?

1 **Ich bin krank.**

65

a) **Hören und lesen Sie.**

Guten Tag, Herr Doktor.

Guten Tag, Herr Asali. Wie geht es Ihnen?

Schlecht. Ich bin krank.

Was fehlt Ihnen?

Ich habe Husten und Fieber. Und mein Hals tut weh.

Husten Sie bitte. Sagen Sie bitte „Aaaah". Der Hals ist rot. Sie haben eine Grippe. Hier ist ein Rezept. Nehmen Sie am Morgen und am Abend eine Tablette. Sie brauchen viel Schlaf. Und trinken Sie viel Tee.

Vielen Dank, Herr Doktor.

Auf Wiedersehen, Herr Asali. Gute Besserung!

b) **Sammeln Sie Informationen.**

Herr Asali ist .... Er hat ....

und .... Der Hals ist .... Er bekommt vom Arzt

ein .... Der Arzt sagt: Trinken Sie ....

2 **Gesundheit. Ordnen Sie zu.**

die Tabletten ☐   der Apotheker, die Apothekerin ☐   das Rezept ☐   die Apotheke ☐

 **3** **In der Apotheke. Hören Sie und lesen Sie.**

Guten Tag.

Guten Tag. Ich habe ein Rezept. Hier, bitte.

Hier sind die Tabletten. Nehmen Sie am Morgen und am Abend eine Tablette.

Vielen Dank. Auf Wiedersehen.

4 **Variieren Sie den Dialog.**

Guten Tag, …

Guten Tag, …

Wie geht es Ihnen?

…

Was fehlt Ihnen?

Ich …

Tut es hier weh?

Nein. / Ja.

Hier ist ein …
Nehmen Sie …

Vielen …

Auf Wiedersehen. Gute Besserung!

 **Redemittel**

Ich bin krank.
Ich habe Kopfschmerzen / Bauchschmerzen / …
Ich habe eine Grippe / Husten / …
Mein Kopf / Bauch / … tut weh.
Meine Füße / Ohren … tun weh.

5 *Ich habe* … **Was tun Sie? Sprechen Sie.**

Kopfschmerzen – Husten – eine Erkältung – Fieber – Halsschmerzen

| Nehmen Sie Tabletten. | Nehmen Sie Hustensaft. | Trinken Sie Tee. | Essen Sie Suppe. | Gehen Sie zum Arzt. |

Ich habe Kopfschmerzen.

Ich habe eine Erkältung.

Nehmen Sie doch Tabletten.

Gehen Sie doch …

Wichtige Wörter und Sätze

Körperteile

der Kopf, die Augen, die Nase, der Mund, die Zähne
der Arm, die Hand, der Finger
die Schulter, der Rücken, der Bauch
das Bein, das Knie, der Fuß
die Füße, die Hände, die Knie

Ärzte

die Hausärztin, der Hausarzt
die Kinderärztin, der Kinderarzt
die Zahnärztin, der Zahnarzt
die Augenärztin, der Augenarzt

Sprechzeiten

■ Wann hat Dr. Fux am Mittwoch Sprechzeiten?   ◆ Von 8 bis 11 Uhr.

Beim Arzt

das fragt die Ärztin / der Arzt	**das sagt die Patientin / der Patient**
Was fehlt Ihnen?	Mir geht es nicht gut.
	Ich bin krank.
	Ich habe eine Erkältung. / Ich habe Fieber.
Haben Sie Schmerzen? / Tut das weh?	Ja. Mein Hals / Bauch tut weh.
	Ja. Ich habe Kopfschmerzen / Rücken-schmerzen.
Wo tut es weh?	Hier.
Wo haben Sie Schmerzen?	Mein Bein tut weh.

das sagt die Ärztin / der Arzt
Hier ist ein Rezept. Gehen Sie zur
Apotheke.
Nehmen Sie die Tabletten am Morgen und
Abend.
Schlafen Sie viel.
Trinken Sie Tee.

Körperpflege
die Seife, der Kamm, die Bürste
die Zahnbürste, die Zahncreme
das Shampoo, die Hautcreme

Zeitangaben – *Wann? – am, um, von … bis*

Wann hat Dr. Mocker **heute** Sprechstunde?	**Von** 11 **bis** 19 Uhr.
Hat Dr. Mocker am Freitag Sprechstunde?	Nein.
Wann gehen Sie zum Arzt?	**Am** Freitag **um** 9 Uhr.

Übungen zum Schreiben

7 Gute Besserung!

1 Körperteile. Ergänzen Sie die Körperteile.

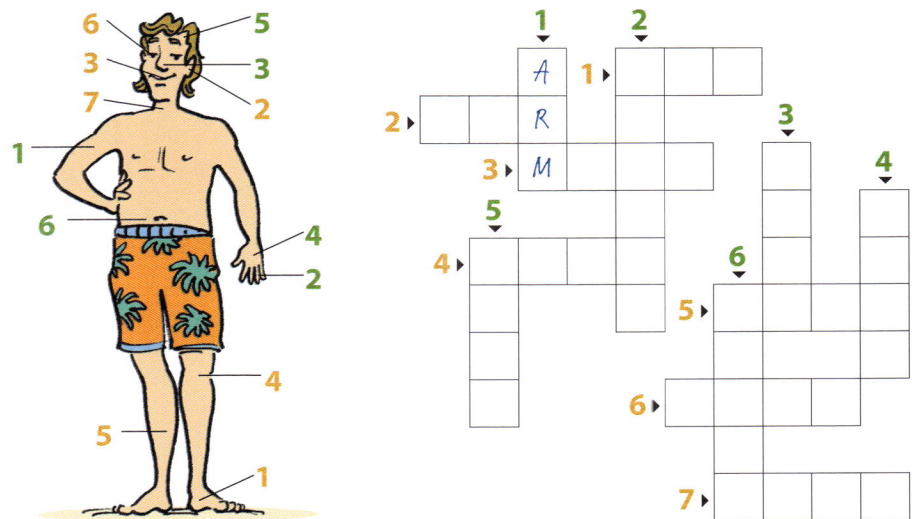

2 Sortieren Sie die Wörter.

Kopf – Auge – Ohr – Nase – Mund – Hals – Schulter – Arm – Hand – Finger – Bauch – Bein – Knie – Fuß

der	das	die
Kopf		

3 Beim Arzt. Was fehlt Ihnen? Schreiben Sie.

1. Ich habe .... 3. ....

2. .... 4. ....

4 Bringen Sie den Dialog in die richtige Reihenfolge.

- ☐ • Ich habe Halsschmerzen.
- ☐ • Danke, Frau Doktor. Auf Wiedersehen.
- ☐ • Guten Tag, Frau Doktor. Ich habe Schmerzen.
- ☐ ▲ Sie haben eine Grippe. Hier ist ein Rezept. Gute Besserung.
- 1 • Guten Tag, Frau Dahabi. Was tut Ihnen weh?
- ☐ ▲ Sagen Sie bitte „Aaaah". Haben Sie auch Kopfschmerzen.
- ☐ • Ja.

Einheit 7

67

siebenundsechzig

Hörtexte

Hier finden Sie alle Hörtexte, die nicht oder nicht komplett in den Einheiten abgedruckt sind.

2 Ich komme aus …

B 3

drei – sieben – fünf – eins – neun – zehn – zwei –
vier – zwölf – sechs – acht – elf

B 4

a)
1. Die Rufnummer ist 9 1 3 4 7 2. Ich wiederhole: 9 1 3 4 7 2.
2. + Haben Sie Telefon?
   – Ja, meine Nummer ist 753139.
3. Das ist der Anschluss 5013721. Bitte hinterlassen Sie eine Nachricht nach dem Signalton.
4. Ich gebe Ihnen meine Nummer: 897565. Ich wiederhole: 897565.

b)
1. Meine Nummer ist die 695 175 28. Ich wiederhole: 695 175 28.
2. Meine Vorwahl ist 069 für Frankfurt. Die Rufnummer ist 63 74 88. Also 069 / 63 74 88.
3. + Ich habe auch Fax: 080 455 778 99.
   – Wie bitte? Können Sie das wiederholen?
   + Natürlich: 080 455 778 99.
   – Dankeschön.

B 9

a)
siebenundsechzig – achtzehn – dreihundert – neun

b)
Acht Euro fünfzig. – Dreiunddreißig Euro vierzig.

C 2

a)
1. + Wann hast du Geburtstag, Halil?
   – Am 19. November. Und du?
   + Am 2. Mai.

2. + Leyla, wann ist dein Geburtstag?
   – Am 7. Januar. Und wann hast du Geburtstag, Olga?
   + Am 1. April.

3. + Ich habe am 3. Oktober Geburtstag. Und du?
   – Ich? Am 20. Juni.

C 4

b)
1. + Wann sind Sie geboren, Herr Sarbas?
   – Am dritten März 1986.

2. + Wann sind Sie geboren, Frau Jobateh?
   – Am zweiundzwanzigsten November 2001.

3. + Wann sind Sie geboren, Herr Naal?

– Am siebzehnten September 1991.

D 3

+ Guten Tag.
– Guten Tag. Ich heiße Edona Berishi.
+ Entschuldigung, können Sie das bitte buchstabieren?
– E-D-O-N-A B-E-R-I-S-H-I.
+ Woher kommen Sie, Frau Berishi?
– Ich komme aus Albanien, aus Vlora.
+ Wie alt sind Sie?
– Ich bin 42 Jahre alt.
+ Wie ist Ihre Adresse?
– Lachnerstraße 44, 80639 München.
+ Und Ihre Telefonnummer?
– 0151 41747566.
+ Danke.

4 Meine Familie, mein Beruf

B 1

Das ist mein Mann. Wir sind seit zwölf Jahren verheiratet.
Das sind meine Eltern. Mein Vater Horst und meine Mutter Irene.
Und das sind meine Kinder. Mein Sohn ist sechs und meine Tochter ist vier. Mein Sohn heißt Tobias und meine Tochter Jenny.
Das da ist meine Schwester. Hier feiern wir ihren Geburtstag. Und das ist mein Bruder – Klaus.
Meine Oma – auf dem Foto ist sie über 80 Jahre alt. – Sie ist leider schon tot.

B 5

Meine Mutter und mein Vater. Das sind meine Eltern.
Meine Schwester und mein Bruder. Das sind meine Geschwister.
Meine Tochter und mein Sohn. Das sind meine Kinder.
Meine Oma und mein Opa. Das sind meine Großeltern.

C 1

1 + Herr Meier, bitte!
2 + Taxi!! Sind Sie frei? Ich muss schnell zum …eh… Airport.
   – Flughafen.? Kein Problem
3 + Haben Sie die Briefe schon fertig?
   – Ja, Herr Schneider.
4 + Wie viel ist 297 + 355?
5 + Jetzt seid mal ruhig. Das Wasser kocht.
6 ++ Was wünschen Sie?
   + Bitte eine Suppe.
   – Und für mich Pommes.
7 + Alles ok?
   – Ja, sehr schön.
8 + Mein VW ist kaputt. Wie viel kostet die Reparatur?
   – Hm, mal sehen …
9 + Guten Tag. Wie viel kostet die Bluse?
   – Nur 39 Euro 90.
10 + Achtung!

C 3

In unserem Deutschkurs gibt es viele Berufe. Ein Arzt, ein Lehrer und sogar ein Professor für Informatik. Karim ist Bauer und auch Mirtja hat Zuhause einen Hof. Wir haben eine Erzieherin, eine Studentin und eine Frisörin. Ivan ist Kellner und Kevin ist Koch.

C 4

1. Ich bin Verkäuferin.
2. Mein Bruder ist Taxifahrer.
3. Meine Schwester ist Ärztin.
4. Ich bin Hausfrau, mein Vater ist Lehrer und meine Mutter Lehrerin.
5. Mein Mann ist arbeitslos, ich bin Kellnerin.

5 Guten Tag, Sie wünschen bitte?

A 2

Kaffee und Tee
Bananen und Äpfel
Nudeln und Reis
Tomaten und Salat
Milch, Butter und Käse
Kartoffeln und Zwiebeln

A 3

+ Wir machen Interviews zum Thema einkaufen. Was kaufen Sie heute?
– Ich brauche Äpfel, Milch und Joghurt … und ein Brot, das war's.
+ Danke!

+ Und Sie, was kaufen Sie heute?
– Also, … ich kaufe heute Spaghetti, Tomaten, Käse und Öl. Ach ja, und noch Schokolade – ganz wichtig.
+ Ja, Schokolade mag ich auch. Danke für das Interview.

C 1

der Mantel – die Bluse – der Rock – das Kleid – die Hose – der Pullover – die Schuhe – der Anzug – das Hemd – das Sweatshirt – die Socken – die Jacke – die Krawatte – die Jeans – das T-Shirt – die Unterwäsche

6 Meine Stadt, meine Zeit

A 1

Hier ist meine Bank. Das ist unsere Post und hier ist der Marktplatz. Dort ist der Bahnhof und hier ist die Arbeitsagentur. Hier ist der Park und dort ist der Spielplatz. Die Schule ist in der Bahnhofstraße. Das Café ist am Marktplatz. Das Rathaus auch. Das Bürgerbüro ist im Rathaus. Hier ist mein Supermarkt. Hier kaufe ich ein. Die Polizei ist in der Nürnberger Straße. Die Apotheke auch.

B 2

+ Mayla, was machst du heute?
– Ich gehe spazieren. Mit Wakur. Das ist mein Bruder.

+ Amir, was machst du heute?
– Heute? Heute gehe ich Fußball spielen. Wir treffen uns auf dem Sportplatz.

+ Selma, was machst du heute?
– Ich weiß nicht. Doch. Ich gehe heute in das Café. Dort treffe ich meine Freunde.

B 4

+ Wir machen eine Umfrage. Was machen Sie gern, Herr …?
– Bouzidi. Ich heiße Salem Bouzidi. Nun, ich schwimme gern, fahre auch gern Fahrrad und ich spiele gern Fußball.
+ Sehr sportlich! Gehen Sie auch gern spazieren?
– Spazieren? Ach nein, das nicht. Das mache ich nicht so gern.
+ Und hören Sie gern Musik?
– Ja, natürlich. Ich höre gern Musik. Aber, Entschuldigung. Es ist spät und ich muss in den Supermarkt.
– Gehen Sie gern einkaufen?
+ Einkaufen? Oh nein, überhaupt nicht. Aber das muss sein. Ich brauche Milch und Brot und so weiter.

C 1

b)
Text 1: Beeil dich. Es ist schon zwanzig nach sechs!
Text 2: Was? Halb sieben? Ja, das ist ok. Also bis dann.
Text 3: Es ist jetzt fünf vor sieben. In fünf Minuten bist du im Bett, meine Kleine!

7 Gute Besserung!

A 1

der Kopf – das Haar / die Haare – das Auge/die Augen – das Ohr / die Ohren – die Nase – der Mund – der Zahn/ die Zähne – der Hals – die Schulter / die Schultern – der Arm / die Arme – die Hand / die Hände – der Finger / die Finger – der Bauch – das Bein / die Beine – das Knie / die Knie – der Fuß / die Füße

A 4

der Zahn – das Auge – der Bauch – das Ohr – der Fuß – die Schulter

B 2

Halsschmerzen – Kopfschmerzen – Ohrenschmerzen – Bauchschmerzen – Rückenschmerzen – Zahnschmerzen – Grippe – Fieber – Husten – eine Erkältung

B 3

+ Guten Tag, Frau Allawi. Haben Sie Schmerzen?
– Ja, ich habe Halsschmerzen.

+ Hallo, Herr Salih. Geht es Ihnen nicht gut.
– Nein. Ich bin krank. Ich habe Grippe.

+ Guten Abend, Frau Aradschi. Wie geht es Ihnen?
– Nicht gut. Ich habe eine Erkältung.

B 5

Die Praxis Dr. Baumann hat am Montag und am Dienstag von 8 Uhr bis 12 Uhr
und von 15 bis 18 Uhr Sprechzeiten. Die Praxis ist am Mittwoch geschlossen.
Am Donnerstag und am Freitag gibt es Sprechzeiten von 8 Uhr bis 13 Uhr.

Lösungen zu den Einheiten

1 Guten Tag!

A 2

Institut – Sekunde – Information – Technik – Pilot – Kilogramm – Pizza – Auto – Kindergarten

A 3

Technik und Firmen: VW, BMW, Handy, Computer, Radio, Bosch, Mercedes, Technik, TV, Video, Motor, MP3
Mobilität: Hotel, Airport, Adresse, Auto, Zug, Kilometer, Bahnhof, Pilot, S-Bahn
Kultur: Konzert, Musik, Gitarre, Film, Theater
Monate, Tage und Zeit: Januar, Mai, Juni, August, September, Dezember, Minute, Sekunde
Essen und Trinken: Hamburger, Kaffee, Tee, Schokolade, Cola, Bier, Döner, Pizza, Spaghetti, Tomate, Gramm, Kilogramm
Büro und Arbeit: Information, Computer, Sekretärin, Firma, Text, Manager
Schule und Lernen: Kindergarten, Universität, Seminar, Gruppe, Kurs, Alphabet, Doktor
Bank und Geld: Euro, Dollar

B 2

Merkel – Löw – Alaba – Pohl – Klum – Döpel

B 5

a) Hallo, wie geht's? – b) Guten Morgen! –
c) Gute Nacht! – d) Guten Tag!

C 3

a) Müller, Schneider, Becker, Wagner, Schäfer, Meier, Fischer

b) Mädchen: Emma, Sophie, Lena, Marie, Lea
Jungen: Jonas, Lukas, Markus, Elias, Mirko

D 5

a)
a) hören, ich höre – b) lesen, ich lese – c) schreiben, ich schreibe – d) fragen, ich frage – e) antworten, ich antworte – f) markieren, ich markiere

b)
markieren, lesen, fragen, schreiben, antworten, hören

2 Ich komme aus …

A 1

Syrien – Albanien – Eritrea – Deutschland –
Afghanistan – Algerien

A 2

Syrien – Hasaka; Albanien – Vrola; Eritrea – Asmara;
Deutschland – Leipzig; Afghanistan – Herat;
Algerien – Oran

B 3

drei – sieben – fünf – eins – neun – zehn – zwei –
vier – zwölf – sechs – acht – elf

B 4

a)
1. 913472 – 2. 753139 – 3. 5013721 – 4. 897565

b)
1. 69517528 – 2. 069/637488 – 3. 080/45577899

B 6

zwanzig – einundzwanzig – siebenundzwanzig –
dreißig – einhundert

B 9

a)
siebenundsechzig – achtzehn – dreihundert – neun

b)
acht Euro fünfzig – dreiunddreißig Euro vierzig

C 1

b)
Februar, März, April, Mai, Juni, Juli, August, September, Oktober, November, Dezember

C 2

a)
1. 19. November – 2. Mai
2. 7. Januar – 1. April
3. 3. Oktober – 20. Juni

C 4

b) 1. 1986 – 2. 2001 – 3. 1991

D 3

Vorname: Edona – Familienname: Berishi –
Land: Albanien – Adresse: Lachnerstr. 44, 80639 München – Telefonnummer: 0151-41747566

3 Drinnen und draußen

A 1

b)
der Bleistift, das Heft, die Tafel, der Stuhl, die Tasche, die Uhr, der Computer, das Smartphone

A 4

b)
1 - Lehrer/in, 2 Lerner/in, 3 - Lehrer/in, 4 - Lerner/in,
5 - Lerner/in, 6 - Lerner/in, 7 - Lerner/in, 8 Lerner/in,
9 Lerner/in

B 1

a)
die Küche: die Spüle, der Herd
das Zimmer: das Sofa, das Bett, der Sessel, das Regal
das Bad: die Dusche, das Waschbecken, die Toilette
der Speisesaal: der Tisch, der Stuhl

B 2

ch wie kochen: acht, auch, das Buch, doch, machen,
suchen, die Sprache
ch wie Küche: richtig, das Mädchen, östlich, welcher,
das Gespräch, gleich, München, nicht, sprechen,
die Bücher, ich, möchten, die Technik

B 4

b)
das Besteck: die Gabel, das Messer, das Brotmesser,
der Löffel
das Geschirr: die Tasse, der Teller, das Glas, der Brotteller,
die Salatschüssel, die Teekanne, die Kaffeekanne

C 2

a)
die Sonne - Es ist sonnig.
die Wolken - Es ist bewölkt.
der Schnee - Es schneit.
der Wind - Es ist windig.

b)
1 Es regnet.
2 Es ist sonnig.
3 Es schneit.
4 Es ist bewölkt.

4 Meine Familie, mein Beruf

A 1

a) Ich heiße Ahmed Yahya. Ich komme aus Aleppo. Meine Frau ist Krankenschwester. Ich war in Griechenland und dann in Serbien und Ungarn. Ich habe einen Asylantrag gestellt. Meine Frau, mein Sohn und meine Tochter sind in Jordanien.

b) Name: Ahmed Yahya
Woher: aus Aleppo (Syrien)
Familie: Djamilia (Frau), Ahmed (Sohn), Gharam (Tochter). Eltern tot.
Wo: Familie in Jordanien, Ahmed in Deutschland
Berufe: Ahmed: Mathematiklehrer, Djamilia: Krankenschwester

A 3

b) Das ist meine Mutter. Das sind meine Kinder. Das sind meine Großeltern. Aleppo ist meine Heimatstadt. Meine Frau ist im Libanon. Meine Deutschlehrerin / Mein Deutschlehrer heißt …

B 1

Text 1: b – Text 2: c – Text 3: a – Text 4: d – Text 5: e

B 3

Meine Mutter und mein Vater. Das sind meine Eltern. Meine Schwester und mein Bruder. Das sind meine Geschwister. Meine Tochter und mein Sohn. Das sind meine Kinder. Meine Oma und mein Opa. Das sind meine Großeltern.

C 1

2g – 3e – 4h – 5j – 6d – 7i – 8b – 9f – 10a

C 2

Mann: Frisör, Kellner, Hausmann
Frau: Lehrerin, Ärztin, Sekretärin, Taxifahrerin, Automechanikerin

C 3

Arzt – Professor – Bauer – Erzieherin – Studentin – Frisörin – Kellner – Koch

C 4

1. Ich bin Verkäuferin. – 2. Mein Bruder ist Taxifahrer. – 3. Meine Schwester ist Ärztin. – 4. Ich bin Hausfrau, mein Vater ist Lehrer und meine Mutter Lehrerin. – 5. Mein Mann ist arbeitslos, ich bin Kellnerin.

D 1

b)
Vorname: Wakur, Geburtsort: Damskus, Geburtsdatum: 1. August 1985, Staatsangehörigkeit: syrisch, Familienstand: verheiratet, Kinder: Rafik und Mina, Beruf: Englischlehrer, Adresse: Brückenstraße 11, 12439 Berlin

5 Guten Tag, Sie wünschen bitte?

A 1

Kaffee (22) und Tee (8) – Bananen (5) und Äpfel (14) – Nudeln (18) – Reis (17) – Tomaten (3) und Salat (16) – Milch (2), Butter (11) und Käse (9) – Joghurt (21) – Mehl (7) – Kartoffeln (20) – Zwiebeln (4) – Schokolade (10) – Fisch (13) – Wein (23) – Wasser (1) – Hähnchen (19) – Wurst (12) – Brot (6) – Sahne (15)

A 3

Äpfel, Milch, Joghurt, Brot, Spaghetti, Tomaten, Käse, Schokolade

B 3

2b – 3b – 4a – 5c – 6c – 7c – 8b – 9a – 10b

C 4

a)
Foto a: Dialog 2 – Foto b: Dialog 1

6 Meine Stadt, meine Zeit

A 1

die Post 14 – der Marktplatz 9 – das Gemeindezentrum 18 – der Sportplatz 19 – der Bahnhof 3 – die Arbeitsagentur 15 – der Park und der Spielplatz 16 – die Grundschule 4 – das Café 7 – das Rathaus 10 – die Bibliothek 17 – die Volkshochschule 1 – der Supermarkt 5 – das Krankenhaus 21 – die Kirche 11 – das Hotel 2 – die Polizei 13 – die Bushaltestelle 8 – das Schwimmbad 20 – die Toiletten 25 – die Apotheke 12 – der Zoo 22 – der Drogeriemarkt 23 – das Ärztehaus 24

B 1

a)
1o – 2h – 3l – 4k – 5b – 6n – 7a – 8j – 9d – 10i, f

B 2

Mayla: a – Amir: b – Selma: a

B 3

2. Sie gehen nicht gern ins Café. 3. Sie gehen nicht gern spazieren. 4. Sie gehen nicht gern einkaufen. 6. Sie lesen nicht gern. 7. Sie fahren nicht gern Fahrrad. 8. Sie spielen nicht gern Schach.

B 4

Das macht Herr Bouzidi gern: schwimmen, Fahrrad fahren, Musik hören
Das macht Herr Bouzidi nicht gern: spazieren gehen, einkaufen

C 1

b)
zwanzig nach sechs – halb sieben – fünf vor sieben

C 2

1a – 2b – 3b – 4a

C 4

2a – 3b – 4d – 5c

C 5

a) 1 das Auto, 2 die U-Bahn, 3 der Zug, 4 der Bus, 5 die Straßenbahn, 6 die S-Bahn

C 6

b) 2. Um 12.02 Uhr. – 3. Um 12.30 Uhr.

7 Gute Besserung!

A 2

1. das Auge – 2. die Nase – 3. der Bauch – 4. das Bein – 5. das Knie – 6. der Fuß

A 4

der Zahn – das Auge – der Bauch – das Ohr – der Fuß – die Schulter

A 5

1 das Ohr, 2 der Fuß, 3 der Hals, 4 der Kopf, 5 das Knie, 6 der Arm, 7 die Schulter, 8 der Rücken

A 6

b) 1 die Zahncreme, 2 die Seife, 3 die Bürste, 4 das Handtuch

B 1

7 Halsschmerzen – 6 Kopfschmerzen – 8 Ohrenschmerzen – 5 Bauchschmerzen – 10 Rückenschmerzen – 2 Zahnschmerzen – 1 Grippe – 4 Fieber – 9 Husten – 3 eine Erkältung

B 3

Frau Allawi: Halsschmerzen – Herr Salih: Grippe – Frau Aradschi: eine Erkältung

B 4

b)
1d – 2a – 3c – 4b
c)
Dr. Blum, Arzt für Allgemeinmedizin, Am Montag, Dienstag, Mittwoch, Donnerstag und Freitag.

B 5

Die Praxis Dr. Baumann hat am Montag und am Dienstag von 8 Uhr bis 12 Uhr und von 15 Uhr bis 18 Uhr Sprechzeiten. Die Praxis ist am Mittwoch geschlossen. Am Donnerstag und am Freitag gibt es Sprechzeiten von 8 Uhr bis 13 Uhr.

C 1

b)
Herr Asali ist krank. Er hat Husten und Fieber. Der Hals ist rot. Er bekommt vom Arzt ein Rezept. Der Arzt sagt: Trinken Sie viel Tee.

C 2

die Tabletten – 4, der Apotheker – 2, das Rezept – 1, die Apotheke – 3

Lösungen Schreiben üben

1 Guten Tag!

a) Tomate – Gramm – Karte – Alphabet
b) Januar – Suppe – Sekunde – Minute
c) Pilot – Euro – Problem – Foto
d) Geld – Kaffee – Dezember – Tee
e) Film – Pizza – Musik – Frau Schmidt – Ich heiße

+ Hallo. Wie geht es Ihnen?
– Danke, gut.
+ Ich heiße Ahmed. Wie heißen Sie?
– Dilek. Was trinken Sie?
+ Ich trinke Kaffee. Und Sie?

2 Ich komme aus …

Ich heiße Alima Fariz. – Woher kommen Sie? –
Ich komme aus Homs. – Wo wohnen Sie? – Ich wohne in
der Goethestraße 8.

2a: Wie ist Ihre Telefonnummer? – 3b: Wie heißen Sie? –
4e: Woher kommen Sie? – 5d: Das ist Azzam Salit. – 6c:
Sie wohnt in Bonn.

Ich heiße Yara. – Wie bitte? Wie heißt sie? – Und woher
kommt sie? – Ich? Ich komme aus Syrien.

3 Drinnen und draußen

das Regal, das Sofa, der Sessel, der Tisch, das Fenster,
die Tür, das Bild, der Fernseher

1 der Computer, 2 das Smartphone, 3 die Uhr, 4 der Bleistift, 5 der Kuli, 6 das Heft, 7 das Wörterbuch, 8 der Ordner, 9 das Deutschbuch

Vorschläge:
1 Es ist kalt. Es regnet.
2 Die Sonne scheint. Es ist warm.
3 Es schneit. Es ist kalt.

4 Meine Familie, mein Beruf

meine Oma – mein Opa; meine Mutter – mein Vater; meine Schwester – mein Bruder; meine Tochter – mein Sohn

b) *Vorschlag:*
Das ist mein Vater. Er heißt Abdal. Er ist 64 Jahre alt.
Er wohnt in Hama. Das ist meine Mutter. Sie heißt Aylin.
Sie ist 61 Jahre alt. Sie ist Hausfrau. Das ist meine
Schwester Mina. Sie ist 32 Jahre alt. Sie ist Frisörin.
Das ist mein Bruder Faruk. Er ist 29 Jahre alt. Er ist Stu-
dent in Amman. Meine Oma und mein Opa sind leider
schon tot. Das sind meine Kinder. Meine Tochter Shama-
ra ist 11 Jahre und mein Sohn Tarek 6 Jahre alt.

5 Guten Tag, Sie wünschen bitte?

Dialog 1:
+ Was brauchen wir?
– Wir brauchen Brot und Milch.
+ Noch etwas?
– Mhh, ja! Der Tee ist alle. Wir brauchen Tee.

Dialog 2:
+ Guten Tag, Sie wünschen?
– Zwei Kilo Tomaten, bitte.
+ Noch etwas?
– Ja, ein Kilo Äpfel und wie Kilo Kartoffeln, bitte.
+ Ist das alles?
– Ja danke. Das ist alles.

Salat – Eier – Brot – Zitronen – Butter – Tee – Nudeln –
Zucker

1 der Mantel – gelb, 2 das Kleid – schwarz, 3 das T-Shirt
– grün, 4 die Schuhe – braun, 5 die Hose – schwarz

6 Meine Stadt, meine Zeit

waagerecht: 3 Park – 7 Bank – 8 Bibliothek – 10 Café
senkrecht: 2 Sprachkurs – 4 Sportplatz – 5 Supermarkt –
6 Schwimmbad – 9 Kino

Ich lerne (nicht) gern Deutsch. – Ich grille (nicht) gern. –
Ich fahre (nicht) gern Fahrrad. – Ich spiele (nicht) gern
Fußball. – Ich treffe (nicht) gern Freunde. – Ich gehe
(nicht) gern einkaufen. – Ich schwimme (nicht) gern. –
Ich lese (nicht) gern.

2. zehn nach zwei – 3. Viertel vor fünf – 4. zwanzig nach
drei

7 Gute Besserung!

1

senkrecht: 2 Finger – 3 Nase – 4 Hand – 5 Kopf – 6 Bauch
waagerecht: 2 Ohr – 3 Mund – 4 Knie – 5 Bein – 6 Auge
– 7 Hals

2

der Kopf – der Mund – der Hals – der Arm – der Bauch –
der Fuß
das Auge – das Ohr – das Bein – das Knie
die Nase – die Schulter – die Hand – die Finger

3

1. Ich habe Fieber. – 2. Ich habe Kopfschmerzen. –
3. Ich habe Husten. – 4. Ich habe eine Erkältung.

4

+ Guten Tag, Frau Dahabi. Was tut Ihnen weh?
– Guten Tag, Frau Doktor. Ich habe Schmerzen. Ich habe
  Halsschmerzen.
+ Sagen Sie bitte „Aaaah." Haben Sie auch Kopfschmer-
  zen?
– Ja.
+ Sie haben eine Grippe. Hier ist ein Rezept. Gute Besse-
  rung.
– Danke, Frau Doktor. Auf Wiedersehen.

DEUTSCHLAND, ÖSTERREICH UND DIE SCHWEIZ

1 = Basel-Stadt
2 = Basel-Landschaft
3 = Aargau
4 = Schaffhausen
5 = Thurgau
6 = St. Gallen
7 = Appenzell-Ausserrhoden
8 = Appenzell-Innerrhoden
9 = Unterwalden
10 = Nidwalden
11 = Glarus

Die 16 Bundesländer – die 16 Landeshauptstädte

- (15) Baden-Württemberg
- (16) Bayern
- (8) Berlin
- (9) Brandenburg
- (4) Bremen
- (2) Hamburg
- (12) Hessen
- (3) Mecklenburg-Vorpommern
- (5) Niedersachsen
- (6) Nordrhein-Westfalen
- (13) Rheinland-Pfalz
- (14) Saarland
- (10) Sachsen
- (7) Sachsen-Anhalt
- (1) Schleswig-Holstein
- (11) Thüringen

Meine Wörter

Soweit in diesem Buch Personen fotografisch abgebildet sind und ihnen von der Redaktion Namen, Berufe, Dialoge und Ähnliches zugeordnet oder diese Personen in bestimmten Situationen dargestellt werden, sind diese Zuordnungen und Darstellungen fiktiv und dienen ausschließlich der Veranschaulichung und dem besseren Verständnis des Buchinhalts.

Bildquellen

Cover: Cornelsen Schulverlage / Robert Nadolny; Shutterstock / Zurijeta; Shutterstock / Lucian Coman – **S. 7** *oben links* Shutterstock / Eugenio Marongiu; *oben Mitte* Shutterstock / Sergey Furtaev; *oben rechts* Shutterstock / StockLite; *Mitte links* Fotolia / Stillfx; *Mitte* Fotolia / mallinka1; *Mitte rechts* Fotolia / Monkey Business; *unten links* Fotolia / drubig-photo; *unten Mitte* Shutterstock / Gena96 – **S. 8** *Mitte links* Shutterstock / Drop of Light; *Mitte* action press / Richard Lee; *Mitte rechts* action press / Hasan Braticaction press; *unten links* Shutterstock / Andresr; *unten Mitte* action press / Startraks Photo Inc.; *unten rechts* Fotolia / alho007 – **S. 9** *a)* Shutterstock / RossHelen; *b)* Shutterstock / Michael Pettigrew; *c)* Fotolia / S. Kobold; *d)* Shutterstock / javi_indy – **S. 11** Fotolia / Fiedels – **S. 16** *oben links* Shutterstock / Zurijeta; *oben rechts* Fotolia / picturemaker01; *Mitte links* Shutterstock / Dianne Maire; *Mitte rechts* Fotolia / derejeb; *unten links* Shutterstock / SnowWhiteimages; *unten rechts* Fotolia / ArTo – **S. 17** *oben* Cornelsen Schulverlage / Hugo Herold – **S. 18** *Mitte* Shutterstock / Jacob Lund – **S. 19** *unten links (Nr. 67)* Fotolia / helmutvogler; *unten links (Nr.20)* Fotolia / Nele_100; *unten links (Nr. 18)* Fotolia / bumann; *unten links (Nr. 22)* Shutterstock / Rafael Croonen; *unten links (Nr. 300)* Fotolia / helmutvogler; *unten links (Nr. 9)* Fotolia / Gerhard Bittner; *unten rechts (Münzen)* Fotolia / janvier; *unten rechts (Scheine)* Fotolia / ProMotion – **S. 20** *Mitte rechts* Shutterstock / Africa Studio; *unten rechts* Fotolia / VRD – **S. 21** *oben* Fotolia / Web Buttons Inc. – **S. 22** *oben links* Fotolia / Robert Kneschke – **S. 24** *unten rechts* Shutterstock / Iakov Filimonov – **S. 28** *(Schrank)* Shutterstock / terekhov igor; *(Spüle)* Shutterstock / LSaloni; *(Sofa)* Shutterstock / Ad Oculos; *(Stuhl)* Shutterstock / MrBenBa; *(Bett)* Shutterstock / Yeamake; *(Toilette)* Shutterstock / Africa Studio; *(Sessel)* Shutterstock / ilknurvelizarova; *(Herd)* Fotolia / Sashkin; *(Tisch)* Shutterstock / Horiyan; *(Dusche)* Colourbox; *(Regal)* Shutterstock / donatas1205; *(Waschbecken)* Shutterstock / Khongkit Wiriyachan – **S. 30** *oben links* Fotolia / Vitalina Rybakova; *oben rechts* Shutterstock LiliGraphie; *unten links* Shutterstock / fotogestoeber; *unten rechts* Skreidzeleu – **S. 31** *(1)* Shutterstock / Smit; *(2)* Shutterstock / wenani; *(3)* Shutterstock / Sunny Forest; *(4)* Shutterstock / sirapob – **S. 32** *(Teller)* Fotolia / BillionFotos.com; *(Besteck)* Fotolia / BillionFotos.com; *(Tasse)* Fotolia / Robert Neumann; *(Glas)* Shutterstock / mylisa – **S. 33** *Mitte* Cornelsen Schulverlage / Gunther Weimann; *unten links* Fotolia / Shmel; *Mitte* Fotolia / sonne_fleckl; *unten rechts* Fotolia / Thaut Images – **S. 34** *oben links* Fotolia / Alen-D – **S. 36** *a)* Shutterstock / Andresr; *b)* Shutterstock / Petinov Sergey Mihilovich; *c)* Shutterstock / wavebreakmedia; *d)* Shutterstock / Monkey Business Images; *e)* Shutterstock / Kristo-Gothard Hunor – **S. 37** *oben* Shutterstock / Monkey Business Images; *unten (Smartphone)* Shutterstock / Teodora D; *unten (Foto)* Fotolia / uwimages – **S. 38** *a)* Fotolia / Peter Atkins; *b)* Fotolia / industrieblick; *c)* Fotolia / WavebreakmediaMicro; *d)* ClipDealer / CandyBox Images; *e)* Shutterstock / StockLite; *f)* Shutterstock / Monkey Business Images; *g)* Shutterstock / Kzenon; *h)* Shutterstock / Alexander Raths; *i)* Shutterstock / Tyler Olson; *j)* Shutterstock / SunKids – **S. 42** *oben* Shutterstock / Monkey Business Images; *unten* Shutterstock / Zurijeta – **S. 43** *oben* Fotolia / Christian Jung – **S. 44** *Mitte* Cornelsen Schulverlage / Hugo Herold – **S. 47** *oben rechts* Shutterstock / Jack Frog; *a)* Fotolia / Marco2811; *b)* Shutterstock / defotoberg; *c)* Fotolia / industrieblick – **S. 49** *oben links* Fotolia / cmccg; *oben rechts* Shutterstock / Dmitry Kalinovsky – **S. 50** Shutterstock / Bauer Alexander – **S. 51** *(Mantel)* Fotolia / Alexandra Karamyshev; *(Kleid)* Fotolia / Alexandra Karamyshev; *(T-Shirt)* Fotolia / BEAUTYofLIFE; *(Schuhe)* Fotolia / Henry Schmitt; *(Hemd)* Shutterstock / Barghest; *(Hose)* Fotolia / Africa Studio – **S. 53** *Mitte* Fotolia / obelicks – **S. 57** *(Autos)* Fotolia / Kara; *(U-Bahn)* Shutterstock / pio3; *(ICE)* Deutsche Bahn AG; *(Bus)* Fotolia / animaflora; *(Straßenbahn)* Fotolia / Kisa_Markiza; *(S-Bahn)* Deutsche Bahn AG – **S. 58** *oben links* Shutterstock / Claudio Divizia; *oben Mitte* Fotolia / Klaus Eppele; *oben rechts* Shutterstock / AR Pictures – **S. 61** *(1)* Shutterstock / pbombaert; *(2)* Shutterstock / DeSerg; *(3)* Shutterstock Ozgur Coskun; *(4)* Shutterstock / GOLFX; *(5)* Shutterstock / catshila; *(6)* Shutterstock / Leah-Anne Thompson; *(7)* Shutterstock / Denis Semenchenko; *(8)* Shutterstock / Elena Schweitzer – **S. 63** *(Kinderarzt)* Fotolia / goodluz; *(Zahnarzt)* Shutterstock / CandyBox Images; *(Hausarzt)* Shutterstock / Monkey Business Images; *(Augenarzt)* Fotolia / WavebreakMediaMicro – **S. 64** *oben rechts* Shutterstock / wavebreakmedia; *(1)* Fotolia / Alexander Raths; *(2)* Fotolia / JackF; *(3)* Fotolia / Oliver Boehmer; *(4)* Fotolia / grafikplusfoto – **S. 66** *oben rechts* Shutterstock / Kharichkina

Und so geht's weiter!

Vom BAMF zugelassene Lehrwerke für den Einsatz in Integrationskursen

Mit dem *Einstiegskurs* erwerben Flüchtlinge grundlegende Kenntnisse der deutschen Sprache. Danach können sie mit den Grundstufenlehrwerken des Cornelsen Verlags weiterarbeiten. Alle sind vom BAMF (Bundesamt für Migration und Flüchtlinge) für die Verwendung in Integrationskursen zugelassen.

Pluspunkt Deutsch · Leben in Deutschland

Dieses Grundstufenlehrwerk ist maßgeschneidert für Integrationskurse. Es hilft den Lernenden mit alltagsrelevanten Themen, schnell aktiv am Leben in Deutschland teilzunehmen.

www.cornelsen.de/pluspunkt-deutschland

studio [21]

Mit seinem umfassenden digitalen Lehr- und Lernangebot macht dieses DaF-Lehrwerk flexibles und abwechslungsreiches Unterrichten leicht. Im Fokus stehen aufgabenorientiertes Lernen und aktives Sprechhandeln. Berufliche Themen werden von Anfang an in den Lernprozess integriert.

www.cornelsen.de/studio21

Panorama

Das Lehrwerk enthält interaktionsorientierte Aufgaben für unterschiedliche Lernertypen. Regelmäßiges Dialogtraining in bedeutsamen Handlungssituationen hilft Lernenden schnell, sicher und flüssig Deutsch zu sprechen. Das Lernen wird unterstützt durch digitale Medien, die mit dem Smartphone auch unterwegs genutzt werden können.

www.cornelsen.de/panorama

Cornelsen Verlag · 14328 Berlin
www.cornelsen.de

Willkommen in der Welt des Lernens